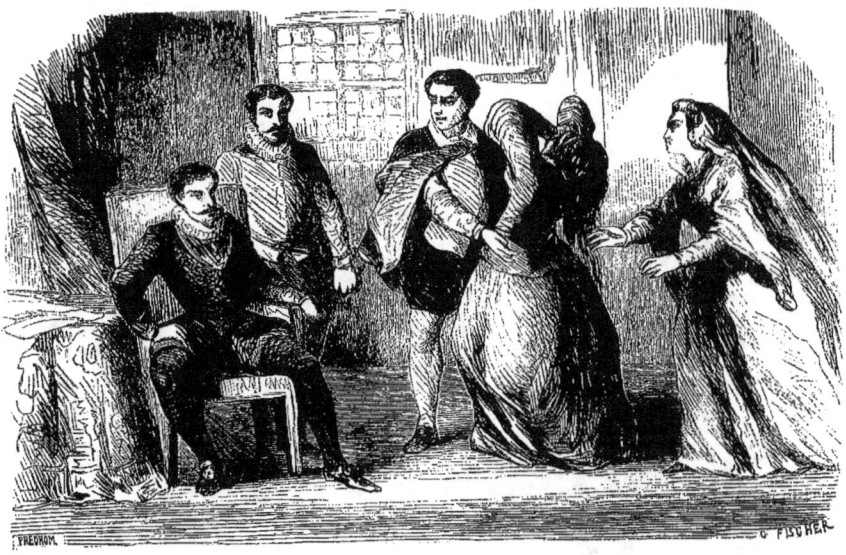

BERTRAM LE MATELOT

DRAME EN CINQ ACTES, DONT UN PROLOGUE

PAR

M. J. BOUCHARDY

REPRÉSENTÉ POUR LA PREMIÈRE FOIS, A PARIS, SUR LE THÉATRE DE LA GAITÉ, LE 3 MARS 1847.

DISTRIBUTION DE LA PIÈCE.

Personnages du Prologue.

GEORGES.	MM. DESHAYES.	LE MARQUIS AMORNY.	MM. SURVILLE.
SAMUEL.	DELAISTRE.	JACKSON.	BRÉMONT.
LE COMTE HAMILTON.	FLEURET.	MARIE.	Mme ABIT.

ARCHERS.

Personnages du Drame.

JACQUES Ier.	MM. SAINT-MAG.	SAMUEL WARTON.	MM. DELAISTRE.
LE COMTE AMORNY, gouverneur de Portsmouth.	SURVILLE.	MARCEL.	CASSARD.
JACKSON.	BRÉMONT.		
LE CAPITAINE RICHARD.	GOUGET.	MARIANNE.	Mme ABIT.
BERTRAM LE MATELOT.	DESHAYES.	LADY ARABELLE.	DARMONT.

PROLOGUE.

Une cabane construite dans les rochers au sommet de la falaise de Douvres ; porte au fond, porte latérale à droite, donnant toutes deux dehors. A gauche, dans l'angle, une voile de navire pendue et dont le coin est retroussé, une fenêtre au fond, par laquelle on ne voit que le ciel et quelques pointes de rochers. Au lever du rideau, Georges debout lit dans un livre de prières près d'un saint accroché sur le mur au fond. Jackson est endormi assis sur un escabeau et appuyé sur la table ; son bâton de voyage est à terre ; Samuel est endormi, couché sur la paille, derrière la voile suspendue et relevée ; la table est au premier plan à droite, près de la cheminée.

SCÈNE I.

GEORGES, SAMUEL ET JACKSON endormis, puis MARIE.

GEORGES, *lisant.*

« Et les vertus des hommes rachèteront leurs péchés. » (*Regardant les deux hommes endormis.*) Seigneur, mon Dieu ! veillez sur eux... veillez sur elle.. veillez sur mon enfant qui commence la vie... Veillez sur moi qui... (*Il s'interrompt, réfléchit, puis sortant aussitôt de sa réflexion.*) Seigneur, mon Dieu ! veillez sur tous. (*Musique à l'orchestre. Après avoir fermé son livre, il le pose sur le support du saint, s'approche de l'âtre, touche un manteau étendu comme pour sécher au feu qu'il attise, puis sort en dehors éteindre le fanal. Il fait grand jour... Marie entre par la porte latérale à droite, va examiner Samuel, semble surprise de ne pas trouver Georges, qu'elle voit aussitôt rentrer en scène.*)

GEORGES.

Marie !...

MARIE.

Te voici enfin !

GEORGES, *lui tendant la main.*

Oui, femme ! (*Ici seulement la musique cesse. — Continuant.*) Tu as été bien inquiète en ne me voyant pas, comme d'ordinaire, arriver au petit jour, mais tu vois... (*Il désigne les dormeurs.*)

MARIE.

Ces deux hommes ?...

GEORGES.

Ont eu cette nuit besoin de mon secours, et, Dieu aidant, j'ai pu les secourir... L'un d'eux, celui qui dort sur cette table... (*Il désigne Jackson.*) s'était égaré sur la falaise, et marchait au hasard dans l'obscurité ; je lui ai offert d'entrer ici pour y attendre le jour... L'autre... (*Il désigne Samuel.*) après avoir vu se briser sa barque, se débattait en vain contre la mort, lorsque heureusement j'ai pu l'atteindre à force de rames... Je l'ai à grand'peine apporté jusqu'ici, où j'ai eu le bonheur de voir cesser bientôt son évanouissement... je l'ai enveloppé d'une couverture, l'ai couché sur cette paille, et tandis que j'allumais un feu pour sécher son manteau, il s'est profondément endormi.

MARIE.

Encore deux nobles actions... Georges... mais ne crains-tu pas qu'un jour ce destin fatal, qui frappe les innocents, ne te fasse victime de ton dévouement aux autres, toi qui as un fils et une femme?...

GEORGES.

Tu as raison, Marie, je me dois à vous deux avant tout, je le sais... mais il me semble que Dieu tiendra compte à notre enfant de ma persévérance et de mon courage... Laisse-moi donc accomplir le vœu dont tu as été toi-même la cause, et dont tu es chaque jour la récompense... Il y a deux ans, Marie, lorsque la chaloupe qui vous portait, ton père et toi, venait d'échouer sur cette côte aux dangereux tourbillons... lorsque je te vis, toi, jeune fille, que la vague emportait, lorsque je tentai ton salut... je priai Dieu de m'aider à t'arracher, toi dernière victime, à cette mort qui t'étreignait déjà, et Dieu, qui m'a protégé, a fait plus encore, Marie, puisqu'il a permis que je trouvasse en toi, sauvée... un de ses anges qui m'a voué son amour.

MARIE.

Et toute sa vie!

GEORGES.

Alors j'ai voulu bien servir Dieu, pour qu'il laissât sur nous son regard protecteur... Je suis venu habiter cette cabane isolée au sommet de cette muraille de rocs à pic... qui domine de cent pieds le gouffre rempli d'écueils... Toutes les nuits j'allume le fanal qui instruit de loin les rameurs attardés du danger qu'ils ne peuvent éviter qu'en prenant le large, et je me dis chaque matin, en éteignant cette lumière libératrice : Seigneur, mon Dieu! bénissez la femme et l'enfant de Georges qui a peut-être, cette nuit, garanti de la mort quelques-unes de vos créatures!... Puis, attentif... j'écoute, et quand au murmure de la mer j'entends se mêler des cris de détresse, comme je connais les seuls passages possibles à travers les abîmes, je me hâte au secours des malheureux naufragés... Bien souvent, tu le sais... j'en ai ramené à terre... et, tu le vois (Désignant Samuel et Jackson.) cette nuit encore... Et dans deux ans j'aurai assez payé, par le dévouement de ma jeunesse, mon tribut à l'humanité; dans deux ans, quand je serai libre... quand je pourrai devenir ton époux... oh! alors je quitterai ces dangers et la falaise.

MARIE.

Hier, à la nuit tombante, le pasteur de Douvres qui a baptisé notre enfant... est venu m'offrir le secours de son ministère pour nous marier.

GEORGES

Et tu lui as dit?...

MARIE.

Ce que je lui aurais dit toi-même... que la famille... que je n'ai jamais vue... et qui ignore notre liaison, s'opposerait à notre mariage pour des raisons ... que je ne connais pas...

GEORGES.

Et que je ne puis te dire, Marie... car elles détruiraient le calme de ton âme... Mais ne sommes-nous pas marrés devant Dieu?

MARIE.

C'est ce que j'ai dit au pasteur, en ajoutant que dans deux ans la vingt cinquième année l'apporterait ta liberté, et qu'alors nous irions demander que l'église et la loi approuvassent une union que la mort seule pourrait détruire.

GEORGES.

Oui, Marie, la mort seule; et pourtant il me semble que la mort ne pourrait nous séparer... car si je te perdais...

MARIE.

Et notre enfant!...

GEORGES.

C'est vrai.

MARIE.

Je vais retourner auprès de lui, qui me cherche sans doute avec ses grands yeux ouverts.

GEORGES.

Il a de si beaux yeux...

MARIE.

N'est-ce pas?...

GEORGES.

Oui... comme les tiens... et dis-lui que... sitôt que j'aurai éveillé et réunis sur leur chemin mes deux hôtes de cette nuit, j'irai l'embrasser.

MARIE, s'en allant.

Je le lui dirai.

GEORGES, l'accompagnant.

Il n'y comprendra rien, mais c'est égal, dis-le-lui tout de même.

MARIE, s'arrêtant.

Il comprend toujours quand je lui parle de son père.

GEORGES, souriant.

A huit mois?... quelle précoce intelligence!

MARIE.

Je te conseille de te moquer de moi, toi qui, parce qu'il se plait dans ta barque, en augurais hier que plus tard un jour il sera grand-amiral!... Tiens! je crois que lorsqu'il s'agit de notre enfant, tu es encore plus exagéré que moi...

GEORGES.

Oh! non!

MARIE.

Oh! si!

GEORGES.

Oh! non!

MARIE.

Oh! si!

GEORGES.

Alors c'est que je l'aime davantage.

MARIE.

Mais non!

GEORGES.

Mais si!

MARIE.

Tu es un taquin!

GEORGES.

Et, toi, mon trésor! embrasse-moi, femme! (Il l'embrasse.) Et à bientôt. (Il lui prend le bras et sort avec elle, en gagnant, par la droite. Jackson ouvre aussitôt les yeux et regarde autour de lui. Musique.)

SCÈNE II.

JACKSON, SAMUEL, endormi.

JACKSON.

Des deux dormeurs... il y en avait un qui ne dormait pas et qui écoutait... Ah! ah!... Georges fait de bonnes actions... C'est sans doute pour compenser les œuvres de son père... Il ne peut se marier pour des raisons qu'il ne dit pas... C'est sans doute son nom qu'il ne peut pas dire... Oui, Georges est bien celui que je cherche... je ne m'étais pas trompé dans mes prévisions. C'est bien ici sa demeure... et quand le marquis Amorny va venir, nous serons sur le terrain des événements qu'il prépare et que je ne devine pas encore... Mais, voici Georges!... feignons encore de dormir.

SCÈNE III.

LES MÊMES, GEORGES.

GEORGES, pensif.

Et dans deux ans, que lui dirai-je?... Peut-être un hasard imprévu me viendra-t-il en aide... Allons, gardons secrètement cette douce croyance, et ne songeons pas à l'avenir. Voyons!... éveillons nos hôtes. (A Jackson, en lui frappant sur l'épaule.) Allons!... hé! compagnon!...

JACKSON, comme éveillé en sursaut.

Hein!... qui va là?...

GEORGES.

C'est moi!

JACKSON.

Où suis-je?...

GEORGES.

Sur la falaise, où tu t'étais perdu cette nuit...

JACKSON.

Ah!... je rêvais que j'y cherchais encore mon chemin...

GEORGES.

Alors remercie le réveil qui te sort d'un mauvais rêve. (Il va réveiller Samuel.) Eh bien!... camarade!.., la nuit est passée... (Jackson s'est approché de la cheminée à droite, où il se chauffe.)

SAMUEL, se levant sur son séant, examinant Georges.

Ah! c'est toi... mon sauveur!

GEORGES.

Est-ce que tu souffres encore?...

SAMUEL.

Non, par Dieu!... (Il se débarrasse de la couverture qui l'enveloppe.)

GEORGES.

La tête?

SAMUEL.

Est solide. (Il se lève debout.)

GEORGES.

Et les jambes?...

SAMUEL.

Sont un peu roides...
GEORGES.
Et les épaules ?...
SAMUEL.
Sont gelées.
GEORGES, *allant prendre le manteau près de la cheminée.*
Tiens, voici ton manteau... bien sec et bien chaud.
SAMUEL, *prend le manteau.*
Merci !... (*Après l'avoir mis sur ses épaules.*) Ah !... sa tiédeur me fait plaisir...
GEORGES, *qui est allé prendre des gobelets et une gourde sur un meuble, les mettant sur la table.*
Et maintenant voici de la bière, et du pain de froment... et tout à vous, car, comme vous le savez... morceau bien partagé... (*Il verse à boire.*)
JACKSON, *coupant une part de pain.*
Ne fait de mal à personne.
SAMUEL *.
Et comment pourrons-nous te rendre tout ce que tu fais pour nous ?...
GEORGES.
Quand Dieu vous en fournira l'occasion, si cela arrive un jour...
SAMUEL.
Et alors, tu me trouveras fidèle.
GEORGES, *lui offrant un gobelet.*
Je n'en doute pas... A la santé, mon maître ! (*Samuel et Jackson s'asseyent.*)
SAMUEL.
A la tienne ! et à ta prospérité future !
GEORGES.
Ah çà ! mes deux nouveaux amis, comment vous nommez-vous ?
JACKSON.
Moi, j'ai pour nom Jackson, jadis arquebusier de la reine, et maintenant cherchant fortune... Et toi, notre hôte ?...
GEORGES.
Moi, Georges...
JACKSON.
Mais, ton nom de famille ?...
GEORGES, *quittant la table, et passant derrière Samuel.*
Je n'ai pas de famille...
JACKSON, *à part.*
Il ne peut dire son nom...
GEORGES, *à Samuel*.
Et toi ?...
SAMUEL.
Moi, je me nomme Samuel Warton.
JACKSON.
Samuel Warton !... j'ai déjà entendu ce nom.
SAMUEL.
Peut-être... il fut célèbre. Il y a longtemps déjà, parmi les partisans de la reine Marie Stuart, aujourd'hui prisonnière... Mon père, ma mère et un sœur sont morts au massacre de la famille du comte Hamilton, cousin de la reine.
JACKSON.
Il y a vingt ans de cela ?
SAMUEL.
Oui, car j'en avais dix alors, et j'en ai trente aujourd'hui.
GEORGES.
Tous tes parents sont morts à la défaite des Hamilton ?
SAMUEL.
Oui, mon père était gardien des portes du château d'Hamilton... Et quand le comte, dernier soutien de Marie Stuart vaincue, résistait encore aux bataillons ennemis, mon père est mort sur la brèche après trois jours de bataille, et ma mère et ma sœur sont mortes étouffées par l'incendie du château qui a englouti sous ses décombres toute cette noble famille.
GEORGES.
C'est une douloureuse histoire ; mais le comte lui-même a survécu, je crois ?
SAMUEL.
Oui ; après avoir pu traverser en fugitif une partie de l'Angleterre, il a été malheureusement arrêté à Londres...
JACKSON, *avec intention.*
Chez le bourreau Maxwell, où il avait passé la nuit, je me souviens de l'événement.... j'étais à Londres alors que les comtes d'Angleterre l'ont condamné à une prison perpétuelle, et le bourreau Maxwell à une forte amende. (*Observant Georges qui se détourne.*) Georges se trouble !
SAMUEL, *se levant.*
Bref... le comte fut jeté en prison, et moi, je suivis les montagnes les débris épars de l'armée de la reine... Quelques années plus tard, fatigué d'une vie de vagabondage, je devins laboureur dans le comté d'Essex, et je l'étais depuis dix ans, laborieux et paisible, quand un certain marquis Amorny, vint chasser dans nos plaines ; il était insolent ; il portait une canne dorée dont il frappait les paysans qui ne se hâtaient pas de lui faire passage... lorsqu'il arriva qu'un jour nous nous rencontrâmes dans un ravin fort étroit... Je me rangeai pour lui faire place... mais il exigea de le retournasse sur mes pas. J'étais probablement de mauvaise humeur, car je refusai, et le marquis furieux leva sa canne...
GEORGES.
Il t'a frappé ?
SAMUEL.
Non, il n'avait pas encore eu le temps de le faire que déjà j'avais jeté le marquis par-dessus une haie dans un étang voisin.
JACKSON, *à part, toujours assis.*
Ah ! c'était lui !
SAMUEL.
Et je continuais mon chemin, lorsqu'au bout du ravin je vis sa toque de velours qui flottait et le marquis qui se noyait... Saisi subitement alors d'un sentiment d'horreur et de pitié... je me jetai à l'eau ; je l'eus bientôt ramené à terre et je lui dis, en le déposant sur l'herbe : Tâchez, mon bon marquis, de ne plus oublier que tous les hommes sont vos semblables... Allez vous sécher, je vous le conseille, et si jamais vous avez besoin d'une leçon de natation ou de politesse, je me nomme Samuel Warton ! je sais donner l'une et l'autre, et vous me trouverez toujours à votre service. — Le lendemain, on vint pour m'arrêter... Or, j'étais sans doute encore de mauvaise humeur, car j'eus l'imprudence de rosser le constable et ses archers... enfin, on me jugea, on me condamna à quinze mois de prison que je supportai sans perdre un seul instant ma franchise et ma gaieté... maudissant les archers, et regrettant quelquefois de ne pas avoir oublié le marquis dans l'étang de la plaine. Depuis lors j'ai gagné ma vie à conduire, soit par terre soit par mer, les marchandises d'une ville à l'autre... Il y a deux jours que j'ai quitté Londres pour aller charger des blés à Douvres... Le vent du nord m'avait poussé, j'avais perdu mon gouvernail, et, ne pouvant plus manœuvrer, je m'étais engouffré dans un courant rapide qui avait brisé cette nuit ma faible embarcation... Depuis deux heures déjà je nageais au hasard... mes forces étaient épuisées... mon cœur cessait de battre... et je n'ai retrouvé la vie qu'ici... amené, sauvé par toi... Or, voici, Georges, toute mon histoire : tu vois que je suis pauvre et que je n'ai pour te payer que le dévouement de mon bras et de mon cœur... Ma vie, achevée cette nuit, par toi recommence aujourd'hui, et si l'avenir m'apporte quelque richesse, je viendrai te dire : Frère, elle est à toi, la veux-tu tout entière ? Veux-tu la partager... Donne-m'en la moitié.
GEORGES, *lui tendant la main.*
Merci, mon noble ami, j'aurai peut-être un jour besoin de ton secours... Mais toi, qui prends tant d'intérêt au sort du comte Hamilton, tu n'as donc pas entendu parler..
JACKSON.
De la nouvelle de son évasion ?
SAMUEL.
Son évasion !
GEORGES.
Depuis deux jours déjà, on en parle à Douvres...
JACKSON, *se levant et se rapprochant d'eux.*
Et depuis quatre jours à Londres, d'où je viens...
SAMUEL.
Vraiment ?
JACKSON.
Il y a quatre jours, aidé de quelques partisans, le comte Hamilton s'est évadé.
SAMUEL.
Et l'on ne dit pas quel chemin il a pris ?
JACKSON.
D'abord celui de Londres, car il a secrètement passé la nuit chez Maxwell...
GEORGES, *à part.*
Encore Maxwell...
JACKSON.
Mais on ne l'y a pas arrêté comme jadis, car il en est parti avant le jour... et depuis lors on a toujours infructueusement cherché sa trace.
SAMUEL.
Libre !... après vingt ans de captivité !... libre ! le comte Hamilton !... Oh ! tu as bien fait de ne me secourir hier, Georges, puisqu'aujourd'hui je devais apprendre cette nouvelle, pour laquelle je dois, sans retard, m'agenouiller et remercier Dieu car Dieu a rendu la liberté à mon second père !
GEORGES.
Prier, c'est bien faire, Samuel ; viens... il faut que j'aille joindre ma femme et mon fils qui m'attendent à Douvres... Viens, et je t'indiquerai l'église...
SAMUEL.

Et quand te reverrai-je ensuite ?
GEORGES.
Dans une heure, ici... j'y serai de retour.
SAMUEL.
Et tu me diras ce que tu auras appris de nouveau sur l'évasion du comte ?
GEORGES.
Je questionnerai, je te le promets.
SAMUEL, *à la porte.*
Partons !
GEORGES, *à Jackson.*
Et toi, viens-tu ?
JACKSON, *qui est retourné près du feu.*
Non, je dois prendre un autre chemin, et désire me bien chauffer avant de me remettre en route.
GEORGES.
A ton gré... Au revoir si tu dois nous attendre, et bonne chance si tu pars avant mon retour.
JACKSON.
Merci...
GEORGES.
Viens, Samuel... (*Georges et Samuel sortent.*)

SCÈNE IV.

JACKSON, puis AMORNY.

JACKSON.
Je viens de faire ici d'étranges connaissances... Samuel Warton est bien le laboureur d'Essex que nous fîmes emprisonner il y a deux ans... Mais l'important pour moi est d'avoir si habilement découvert ce Georges... que j'ai vu plusieurs fois se troubler au nom de Maxwell, et le marquis Amorny me devra bonne récompense... Il doit être près d'ici, maintenant... j'ai hâte de le voir et de savoir ce qu'il veut faire... je lui ai bien désigné cette cabane isolée ; il y viendra sans doute... Si pourtant j'allais au devant de lui, sur la route ? (*Apercevant un homme masqué qui vient d'ouvrir la porte latérale de droite.*) Quelqu'un...

AMORNY.
C'est toi, Jackson ?

JACKSON.
C'est vous, milord... Entrez... je suis bien seul...

AMORNY.
Eh bien ?

JACKSON.
Je ne m'étais pas trompé, nous sommes chez lui.

AMORNY.
Tu en es bien sûr ?

JACKSON.
J'en ai la certitude et presque la preuve.

AMORNY.
Et tu l'as vu, lui ?

JACKSON.
Oui, milord.

AMORNY.
Quel homme est-ce ?

JACKSON.
Un brave jeune homme.

AMORNY.
Quels sont ses amis ?

JACKSON.
Je n'ai vu près de lui que ce Samuel, ce laboureur qui vous a jeté dans l'eau, dans le comté d'Essex.

AMORNY.
Ah !... que faisait-il ici ?

JACKSON.
Il y passait seulement.

AMORNY.
Et cette demeure est bien celle de Georges ?

JACKSON.
Oui, milord.

AMORNY, *examinant la cabane.*
Alors, c'est ici qu'il faudra déployer toute notre adresse, et arrêter aujourd'hui le comte Hamilton évadé...

JACKSON.
Ici ?

AMORNY.
Il y viendra !

JACKSON.
Dans cette cabane ?

AMORNY.
Oui !

JACKSON.
Et quel intérêt pouvez-vous prendre à cette affaire ?

AMORNY.
C'est moi qui ai favorisé l'évasion du comte, et qui dois procéder à son arrestation.

JACKSON.
Je ne comprends pas.

AMORNY.
Je vais m'expliquer. (*Il ôte son masque.*) Tu sais que je suis ruiné...

JACKSON.
Oui, vous avez rapidement épuisé vos deux héritages.

AMORNY.
Quand je me suis vu sans ressources, j'ai voulu prendre le métier des armes ; j'étais mauvais soldat. J'ai voulu étudier les lois ; il était trop tard. Alors j'ai entrepris de faire fortune en me jetant dans les intrigues de cour.

JACKSON.
Dame !... on fait comme on peut.

AMORNY.
Et n'y trouvant pas le moyen de gagner ma vie en utilisant pour mon compte mon bras et mon intelligence...

JACKSON.
Vous les avez vendus...

AMORNY.
A la reine Élisabeth d'Angleterre, en lui offrant aussitôt l'occasion de mettre l'un et l'autre à l'épreuve, et voici comment. Les partisans de la reine Marie Stuart s'agitaient toujours, des correspondances établies avec le comte Hamilton, emprisonné sur les frontières d'Écosse, inquiétaient beaucoup la reine Élisabeth, qui aurait bien voulu que le comte fût enfermé dans une prison plus étroite et mieux gardée.

JACKSON.
Pourquoi ne le faisait-elle pas transporter dans le château fort d'un de ses ports de mer ?...

AMORNY.
Parce qu'elle craignait d'exciter encore les mécontents par cette nouvelle rigueur... lorsque je lui ai offert de lui fournir l'occasion de pouvoir l'exercer sans aucun danger.

JACKSON.
Comment cela ?

AMORNY.
Je lui ai proposé de me faire le partisan simulé du comte, de préparer son évasion prévue, afin qu'elle eût, en faisant ressaisir le fugitif, le droit de le faire enfermer en lieu plus sûr !...

JACKSON.
Très-bien imaginé... Et cette évasion du comte ?...

AMORNY.
Fut mon ouvrage... et j'ai bien failli en perdre tout le fruit, car depuis qu'il avait quitté la maison de Maxwell le bourreau, nous avions perdu sa trace...

JACKSON.
Et vous l'avez retrouvée ?

AMORNY.
Oui, nous avons enfin découvert qu'il doit, et cela sans aucun doute, venir secrètement à Douvres, et s'y arrêter chez le fils mystérieux de ce Maxwell.

JACKSON.
Et dans quel but ?

AMORNY.
Je l'ignore.

JACKSON.
C'est sans doute dans celui d'obtenir son aide pour pouvoir s'éloigner secrètement des côtes d'Angleterre...

AMORNY.
Je le pense comme toi, et tu sais maintenant pourquoi je t'ai donné l'ordre de te rendre aussitôt à Douvres, avec mission de découvrir, dans ces environs, l'habitation du fils de ce Maxwell, et tu comprends ce qu'il nous reste à faire ?

JACKSON.
Oui, attendre ici le comte et l'y saisir.

AMORNY.
Cela fait, nous le menons à la citadelle de Portsmouth, et je reçois de la reine bonne récompense, dont je te donne ta part.

JACKSON.
Je crois décidément, milord, que nous avons trouvé là une bonne profession, et que nous y ferons nos affaires.

AMORNY, *avec mépris.*
Et quelle analogie trouvez-vous donc entre nos deux professions ?...

JACKSON.
Dame ! vous avez les secrets de la cour, et moi j'ai les vôtres, nous sommes deux confidents.

AMORNY, *avec hauteur.*

Je le suis, moi, de la reine d'Angleterre.
JACKSON.
Et moi je ne le suis que d'un noble ruiné ; cela, c'est vrai...
AMORNY.
Insolent !
JACKSON, vivement.
Mais ce noble, plein d'esprit et de ressources, refera vite sa fortune.
AMORNY.
Flatteur !
JACKSON.
Et alors j'aurai aussi mon importance.
AMORNY.
Peut-être... Mais d'abord poursuivons notre œuvre actuelle...
J'ai envoyé des espions à Douvres, laissé quelques archers sur la
falaise... Viens, et nous guetterons le fugitif au passage. (Il remet son masque.)
JACKSON.
Je vous suis, maître...
AMORNY, s'arrêtant.
Mais, qui vient ?...
JACKSON, regardant.
C'est l'épouse, ou plutôt la maîtresse de ce Georges Maxwell...
AMORNY.
Viens, évitons ses regards... Sortons de ce côté. (Ils sortent par la droite.)

SCÈNE V.

MARIE, entrant par le fond.

Personne ici... Je vais y attendre Georges... et, seule avec lui,
je veux enfin le questionner, le deviner... car ma résignation
succombe. Tout à l'heure encore le pasteur de Douvres, notre
ami si dévoué... m'a fait de nouvelles questions sur cette famille
de Georges que je ne connais pas... Et quand je parlais à Georges
de cette insistance du pasteur... il a pâli... Je me suis tue, lui cachant ma terreur... mais je ne puis vivre ainsi... non, je veux le
supplier... je veux lui faire comprendre que cette inquiétude est
plus cruelle que n'importe quelle réalité...

SCÈNE VI.

MARIE, LE COMTE HAMILTON, en désordre, entrant précipitamment et refermant rapidement la porte du fond.

LE COMTE.
Ce doit être ici....
MARIE, effrayée.
Quel est cet homme ?
LE COMTE.
Une femme !... Dites-moi... je suis bien ici dans la demeure de Georges ?
MARIE.
Oui, maître.
LE COMTE
Où est-il ?
MARIE.
A Douvres...
LE COMTE.
Au nom de l'humanité !... femme, courez le prévenir qu'un
inconnu l'attend ici... et sans retard... car il faut que je le voie...
MARIE.
Que ne vous hâtez-vous d'aller le joindre ?
LE COMTE.
C'est impossible !... des archers que j'ai pu éviter pour arriver
jusqu'ici... m'arrêteraient peut-être sur la falaise.
MARIE.
Des archers ?...
LE COMTE.
Oui. Je suis fugitif... poursuivi... et j'ai besoin de voir Georges
pour mon salut, et peut-être aussi pour son repos à lui...
MARIE.
Et que lui voulez-vous donc ?
LE COMTE.
Rien que je puisse vous révéler...
MARIE, à part.
Quel mystère !
LE COMTE.
Par pitié !... je vous en conjure... hâtez-vous !
MARIE.
Mais Georges se hâtera-t-il, lui, si je ne puis lui dire le nom de
celui qui l'attend avec tant d'impatience ?...
LE COMTE.
S'il hésitait, vous lui diriez tout bas que celui qui l'attend vient
lui parler de la part du bourreau Maxwell, et il fera diligence...
MARIE.
Du bourreau Maxwell ?
LE COMTE.
Oui...
MARIE.
Et que peut-il donc y avoir de commun entre Georges et le bourreau ?
LE COMTE.
Rien d'alarmant, je vous le jure.
MARIE, à part.
Quels sont donc leurs secrets ?
LE COMTE.
Eh bien ! femme ?
MARIE.
Je consens à vous servir, maître, mais j'exige avant tout... (La
porte de droite s'ouvre, Amorny, masqué, entre rapidement avec
des archers.)

SCÈNE VII.

LES MÊMES, AMORNY, ARCHERS.

AMORNY.
Qu'on garde les issues !
LE COMTE.
Des archers !
AMORNY.
Tu n'iras pas plus loin, comte Hamilton.
LE COMTE.
Malheur !
MARIE.
Le comte Hamilton !
AMORNY.
Au nom de la reine, nous te sommons de nous suivre...
LE COMTE.
Et je refuse d'obéir aux satellites de votre infâme reine...
AMORNY.
Prends garde...
LE COMTE, tirant son épée.
Je sais que je vais mourir en vous résistant ; mais j'aime mieux
la mort qu'une nouvelle captivité. Je ne vous suivrai pas...
AMORNY.
Tu veux mourir...

SCÈNE VIII

LES MÊMES, SAMUEL, entrant par le fond.

SAMUEL.
Que se passe-t-il ici ?... Quatre hommes contre un seul !
MARIE, à Samuel.
Empêchez ce combat...
SAMUEL, au comte.
Vous allez succomber, vieillard...
LE COMTE.
Qu'importe !... C'est l'épée au poing que le comte Hamilton doit mourir...
SAMUEL.
Le comte Hamilton !... vous ?... Oui.., je vous reconnais maintenant...
LE COMTE.
Et qui es-tu donc, toi ?
SAMUEL.
Samuel Warton... milord.
LE COMTE.
Warton !
AMORNY, à part.
Samuel Warton !
SAMUEL, prenant une hache.
Allons, milord... ferme à la muraille... et à mort les archers...
AMORNY, aux archers.
A moi, vous autres...
MARIE, se jetant entre eux.
Arrêtez !
SAMUEL, la poussant.
Allez-vous-en, femme...
LE COMTE.
Non... qu'elle reste... voici mon épée. (Il jette son épée à terre.)
SAMUEL.
Milord !...
LE COMTE, passant devant Samuel.

Qu'on me lie les mains... qu'on m'enchaîne; je ne résiste plus... Ma résistance coûterait la vie à Samuël Warton... et je ne veux pas qu'il meure...

SAMUEL.

Mais, milord !... (*Marie passe à gauche*.*)

LE COMTE.

Ton père et ta mère sont morts les derniers pour notre noble cause... Je les ai souvent pleurés, Samuel... et je ne veux pas que ma délivrance fasse couler le sang de leur courageux enfant. (*Aux archers.*) Je suis prêt à vous suivre... messieurs. (*A Samuel.*) Et ma captivité me semblera désormais moins dure, Samuel, puisqu'un jour de liberté passagère... m'aura permis de garantir et d'embrasser le fils de mes amis les plus fidèles.

SAMUEL, *se jetant dans les bras du comte.*

Milord !...

MARIE, *avec douleur.*

Pauvre comte !

LE COMTE, *aux archers.*

Où me conduisez-vous ?

AMORNY.

Une galère armée attend au port...

LE COMTE.

Allons... jusqu'au bord de la galère qui va m'emporter... donne-moi ton bras, Samuel. (*Samuel lui donne le bras en dévorant ses larmes. Aux archers.*) Venez, messieurs. (*Il sort par le fond, avec Samuel, Amorny et les archers. Marie les suit du regard.*)

SCÈNE IX.

MARIE, *seule.*

Noble cœur !... (*Elle essuie ses yeux.*) Et les cachots vont se rouvrir pour lui ! (*Redescendant la scène.*) Mais que pouvait-il donc espérer ici ?... il venait trouver Georges de la part du bourreau Maxwell... Il insistait pour lui parler seul... Qu'y a-t-il donc de mystérieux dans toutes ces étranges aventures ?... Si je courais trouver Georges, si je lui racontais tout ce qui vient de se passer ici... si je le questionnais... il serait bien forcé... non, il serait prévenu et se tiendrait sur ses gardes... Je ferai mieux de ne rien dire... et tandis qu'il sera sans méfiance... Oui... je pourrai peut-être deviner, ou découvrir...

SCÈNE X.

MARIE, GEORGES, *agité, entrant rapidement par la droite et tenant une lettre à la main. Il traverse la scène sans voir Marie*.*

GEORGES.

Voyons, remettons-nous de cette frayeur...

MARIE, *à part.*

Le voici !

GEORGES.

Et relisons cette lettre. (*Apercevant Marie.*) Marie !... (*Il cache rapidement la lettre dans son pourpoint.*)

MARIE, *à part.*

Il cache une lettre !

GEORGES.

Je te cherchais, Marie, pour te dire que le pasteur t'attend au logis... Hâte-toi, femme... je t'en conjure...

MARIE.

Je vais partir... Mais qu'as-tu donc ? Comme tu es agité !

GEORGES.

Moi, non... j'ai couru... voilà tout...

MARIE.

Est-ce que cette lettre que tu tenais en rentrant...

GEORGES.

Une lettre... ah ! oui, des marchands d'Essex qui m'écrivent. Je te consulterai pour savoir ce que je dois leur répondre, mais le plus pressé est d'aller trouver le pasteur qui t'attend.

MARIE.

Il veut m'éloigner. (*Haut.*) Je vais le joindre... (*A part.*) Mais je reviendrai.

GEORGES, *l'accompagnant.*

La route à gauche est bonne, femme, et c'est plus court...

MARIE.

C'est bien. (*Elle sort par la droite.*)

SCÈNE XI.

GEORGES, *seul, redescendant la scène et reprenant sa lettre.*

Me voilà seul... et quand je pense que cet imprudent messager de mon père aurait pu remettre cette lettre à Marie, mon cœur se glace. Heureusement que je l'ai rencontré et reconnu. (*Il va s'asseoir près de la table à droite.*) Voyons ! cela m'a tellement troublé, que j'ai lu cette lettre sans la comprendre. (*Il lit.*) « Le « comte Hamilton, qui s'est évadé, doit aujourd'hui même cher-« cher à te rencontrer pour te faire une grave confidence dont tu « apprécieras l'importance... mais il est trahi par ceux qui « devaient le servir... C'est dans ta demeure qu'on espère l'ar-« rêter. Evite donc qu'il y puisse arriver, tu serais compromis et « perdu avec lui... » (*Parlant.*) Moi !... mais que pouvait vouloir le comte ?... Peut-être que je l'aidasse dans sa fuite. Quelle est donc, mon Dieu, la nature des relations qui existent entre mon père et lui... (*Il refléchit.*) Quel est donc le secret qui semble les lier ensemble ?

SCÈNE XII.

MARIE, GEORGES.

MARIE, *à part, rentrant furtivement par le fond.*

Il tient encore cette lettre...

GEORGES, *lisant.*

« Sauve donc le comte, son salut est entre tes mains. Cours à « sa rencontre; et si tu as le bonheur de le trouver... préviens-le « du danger, et qu'il juge ce qu'en pareil cas il devra faire...

« MAXWELL. »

MARIE, *à part.*

Encore le nom de Maxwell...

GEORGES.

Il faut que je coure sur la route... et je dois tout tenter, car un seul mot qui me compromettrait serait le signal de ma mort. Mais à quoi reconnaîtrai-je le comte ?... je ne l'ai jamais vu... J'y songe... Samuel l'a connu, il pourra me servir; je trouverai Samuel. Et d'abord... anéantissons cette lettre. (*Il la jette au feu.*)

MARIE.

Il brûle la lettre. Ah ! quelqu'un. (*Elle se glisse derrière la voile suspendue en apercevant, Samuel qui entre d'un air abattu et vient s'asseoir avec douleur sur un escabeau à gauche.*)

GEORGES, *se retournant.*

Qui va là !... Ah ! c'est toi Samuel ?

SCÈNE XIII.

LES MÊMES, SAMUEL.

SAMUEL.

Oui, Georges !...

GEORGES, *allant à lui*.*

J'ai besoin de ton secours, Samuel. Mais qu'as-tu donc ? tu pleures...

SAMUEL.

Oui... pour la seconde fois de ma vie... je pleure... il y avait vingt ans que je n'avais versé une larme.

GEORGES.

Que t'est-il donc arrivé ?

SAMUEL.

Tu ne sais donc rien ?...

GEORGES.

Rien...

SAMUEL, *se levant.*

Quoi ! tu ignores que le comte Hamilton...

GEORGES.

Eh bien ?

SAMUEL.

Vient d'être arrêté ici... chez toi...

GEORGES.

Mon Dieu ! mais je suis perdu, moi...

SAMUEL.

Toi... et pourquoi ?

GEORGES.

Parce qu'il suffira que la loi m'accuse ou me soupçonne, pour que mon nom soit publié.

SAMUEL.

Eh bien ?...

GEORGES.

Et cela me commandera de mourir... Si tu savais...

SAMUEL.

Quoi donc ?

GEORGES, *passant devant lui avec délire*.*

Laisse-moi... fuis-moi... va-t'en.

SAMUEL.

Quand tu souffres... jamais...

GEORGES.

Tu as de la pitié, toi... eh bien ! veux-tu m'aider à fuir, à enlever ma femme, mon fils ?

SAMUEL.
Je suis à toi corps et âme !... je te l'ai dit...

GEORGES.
Oui... parce que tu ne sais pas... Écoute... je te prends pour mon juge et vais te dire un secret que tu sauras seul, avec moi, mon père et Dieu... Et si tu dois m'abandonner après, je t'ai pardonné d'avance.

MARIE, *paraissant avec inquiétude.*
Que va-t-il lui dire ?

SAMUEL.
Je t'écoute.

GEORGES.
Sache d'abord que j'ai toujours bien servi Dieu et les hommes, que sur cette mer perfide j'ai cent fois joué ma vie pour le secours de ses victimes... et qu'enfin, chaque fois que mon père a frappé un homme de sa main meurtrière... moi, j'ai rendu à Dieu une de ses créatures...

SAMUEL.
Mais qui donc est ton père ?...

GEORGES.
Mon père !... je suis le fils de Maxwell, je suis fils du bourreau de la reine. (*Marie, comme frappée, chancelle et s'appuie contre la muraille.*)

SAMUEL.
Tu m'as commandé d'être ton juge, et je te juge aussi sublime qu'infortuné.

GEORGES.
Infortuné ! oui... car tu ne sais pas encore que j'ai un fils, maudit dans son berceau, et une femme que j'adore, et qui ignore l'anathème qui pèse sur moi.

SAMUEL.
Pauvre Georges !

GEORGES.
Tu comprends, n'est-ce pas, pourquoi je redoute toute accusation de complicité ?... c'est qu'un seul soupçon révélera mon nom à ma femme, que je n'oserai plus regarder ; et si cela arrive, Samuel... j'en ai fait le serment... je me tuerai !...

SAMUEL.
Et j'en ferais autant à ta place. (*Marie, qui a fait quelques pas, s'arrête épouvantée.*)

GEORGES.
Et si je meurs, Samuel, tu recommanderas ma femme et mon fils au pasteur de Douvres.

SAMUEL.
Oui ! mais il faut vivre ; il faut que, cette nuit, sous un prétexte quelconque, vous quittiez tous les trois l'Angleterre pour n'y jamais revenir... Allons ! du sang-froid... du courage !... et je vous aiderai dans ce départ... j'entraînerai ta femme et ton fils.

GEORGES.
Et tu nous auras sauvés tous, Samuel ; car, aussi bien que moi, vois-tu, Marie mourrait de douleur en étouffant son fils si elle découvrait jamais que la loi terrible des hommes pourra peut-être un jour le contraindre à remplir l'office de l'exécuteur. (*Marie fait un dernier effort sur elle-même, laisse échapper un cri étouffé qu'elle ne peut retenir, et vient tomber évanouie aux pieds de Georges.*) Marie !... elle était là... malheur !... elle écoutait... elle a tout entendu... Perdu !...

SAMUEL, *penché sur Marie.*
Pauvre femme !

GEORGES, *en délire.*
Seigneur, mon Dieu ! tu as donc marqué ma dernière heure... Elle sait... Je ne peux plus vivre... La foudre m'atteint... A moi la mort... la tombe... (*Il sort en chancelant, et se cramponne aux rochers de la falaise par le fond.*)

SAMUEL, *quittant Marie.*
Georges ! malheureux ! que fais-tu ?... (*Il court après lui et jette un cri en s'arrêtant à la porte. Rentrant en scène.*) A son secours !... Marie !... Georges, dans le gouffre, à son aide !... Elle est inanimée... Des cordes !... Du monde !...

SCÈNE XIV.

LES MÊMES, AMORNY, JACKSON, LES ARCHERS, *par la droite.*

AMORNY.
Au nom de la reine d'Angleterre !...

SAMUEL.
Des archers... que voulez-vous ? arrêter Georges... il faut le sauver, d'abord...

AMORNY.
Non, pas Georges, mais toi, Samuel Warton, partisan du comte Hamilton...

SAMUEL.
Moi ! c'est bien... je suis prêt à vous suivre ; mais, d'abord, secourez Georges ; voyez, sa femme est évanouie... et lui vient de tomber dans l'abîme.

AMORNY.
Du haut de cette falaise ?

SAMUEL.
À l'instant.

AMORNY.
Alors, il était mort avant d'arriver à la mer ; cette falaise a plus de cent pieds de hauteur. (*À Jackson.*) Toi, porte secours à cette femme... (*Aux archers.*) Vous, saisissez cet homme. (*Les archers s'apprêtent à faire violence en tirant leurs épées.*)

SAMUEL.
Oh ! ne vous armez pas, je ne veux pas me défendre... plus fort que vous, le malheur m'a vaincu. (*Il jette un dernier regard à Marie, qui, soulevée par Jackson, semble se ranimer.*)

ACTE I.

Le théâtre représente l'intérieur d'une chambre de ferme ; au rez-de-chaussée, porte au fond et porte latérale à droite donnant toutes deux dehors, porte latérale à gauche ; au fond à gauche une fenêtre ; entre la porte et la fenêtre, au fond, un saint de pierre sur un support, sur lequel est le livre de messe. — Le saint et le livre sont les mêmes qu'au prologue, une table à droite au premier plan, des sièges.

SCÈNE I.

JACKSON seul, *puis* MARCEL.

JACKSON, *pliant une lettre, qu'il met dans sa poche.*
Lord Amorny m'a bien dit, dans sa dernière lettre, de m'arrêter ici... dans cette ferme qui est à l'entrée de Portsmouth, et je ne l'y trouve pas au rendez-vous... Il est vrai qu'il est de bonne heure ; il peut venir un peu plus tard... et je me reposerais volontiers... Je suis bien fatigué.

MARCEL, *entrant.*
Votre chambre est prête.

JACKSON.
C'est bien... Dis-moi, que s'est-il passé de nouveau à Portsmouth depuis huit jours ?

MARCEL.
On y attend la prochaine arrivée de notre nouveau roi Jacques Ier.

JACKSON.
L'on ne dit pas positivement quel jour il doit aborder à Portsmouth ?

MARCEL.
La gazette annonce son arrivée pour demain.

JACKSON, *à Marcel.*
Si tôt ! (*À part.*) Heureusement, nous avons encore toute la journée. (*À Marcel.*) Où dis-tu qu'est ma chambre ?

MARCEL, *lui indiquant au dehors.*
Tenez ! la petite maison à droite dans la cour... la douxième porte.

JACKSON.
Merci... Ah ! si un gentilhomme vient ici demander le nommé Jackson, tu viendras aussitôt m'éveiller.

MARCEL.
Oui, maître.

JACKSON.
Je compte sur toi.

MARCEL.
Soyez tranquille. (*Jackson sort par le fond.*)

SCÈNE II.

MARCEL, *seul.*

Un gentilhomme !... Serait-ce cet homme qui vient ici secrètement depuis plusieurs jours, qui m'attend souvent au passage, me fait tant de questions, et me paye si cher mes réponses ?... Oui, celui-là doit être un gentilhomme, j'en juge par la blancheur de sa main, et les pièces d'or qu'elle me donne... Voici une Marianne. (*Il range dans le fond.*)

SCÈNE III.

MARIANNE, RICHARD, MARCEL.
(*Marianne et Richard sortent d'une chambre à gauche.*)

MARIANNE, *causant avec Richard.*
Et quel est donc, mon ami, ce Bertram que tu attends avec tant d'impatience ?

RICHARD.
Un matelot, avec qui je navigue depuis bien longtemps déjà... et son retard m'étonne, et m'afflige...

MARIANNE, *apercevant Marcel.*
Tiens ! voici Marcel, que tu voulais questionner.

RICHARD*.
Ah ! dis-moi, Marcel, Bertram n'est pas encore venu ?

MARCEL.
Non, capitaine... et je ne le crois pas disposé à venir ; car hier soir, comme la veille, au lieu de me dire de vous répondre qu'il se rendrait ici à votre appel...

RICHARD.
Eh bien ?

MARCEL.
Il m'a chargé de vous dire qu'il priait Dieu pour que cette fièvre qui vous a tant fait souffrir depuis deux jours se calmât... et pour que vous puissiez bientôt revenir à bord.

RICHARD.
Je t'avais dit d'insister.

MARCEL.
Je l'ai fait, capitaine.

MARIANNE.
Sans doute, tu te seras mal expliqué...

MARCEL.
Non, dame Marianne.

MARIANNE.
Écoute, Richard : pour éviter toute méprise... écris un mot à ce Bertram, et Marcel, que tu chargeras de la lettre, te rapportera au moins une réponse...

RICHARD.
Vous avez raison, dame Marianne... je vais lui écrire...

MARIANNE.
Au revoir, Richard.

RICHARD, *se rapprochant d'elle.*
Vous ne serez pas longtemps absente, n'est-ce pas ?

MARIANNE.
Une heure au plus... Est-ce que tu as quelque chose à me dire ?

RICHARD.
Oui, Marianne.

MARIANNE.
Alors, je serai bien vite revenue.

RICHARD.
À bientôt, donc !

MARIANNE.
À bientôt !... (*Elle sort par le fond.*)

SCÈNE IV.

RICHARD, MARCEL.

RICHARD, *s'asseyant à la table et écrivant.*
Vite un mot à Bertram... Oui, je dois, dès aujourd'hui, leur confier à tous les deux séparément ma résolution... (*Donnant la lettre à Marcel.*) Tiens, Marcel, cette fois tu remettras ce billet à Bertram...

MARCEL.
Oui, maître !

RICHARD.
J'y compte.

MARCEL.
Et vous pouvez y compter, capitaine. (*Richard rentre dans la chambre à gauche.*)

SCÈNE V.

MARCEL, puis AMORNY.

MARCEL.
Dois-je attendre, pour porter cette lettre, le retour de dame Marianne ?... Peu importe ; elle ne blâmera jamais mon absence, si je m'éloigne pour le service du capitaine... (*Il met la lettre dans son escarcelle.*)

AMORNY, *entrant*.
Tu es seul ?

MARCEL.
Oui, maître... dame Marianne vient de sortir.

AMORNY.
Je le sais, je l'ai aperçue sur le chemin... Tu n'as pas vu venir ici...

MARCEL.
Un voyageur ?... si, maître... nous en avons à la ferme depuis le point du jour...

AMORNY.
Où est-il ?

MARCEL.
Dans sa chambre...

AMORNY.
Sa chambre !... Dame Marianne tient donc une hôtellerie !...

MARCEL.
Non, maître... pas précisément ; mais, comme cette ferme est située à l'entrée de la ville, elle a mis un petit corps de logis à la disposition de ceux qui veulent se reposer avant d'entrer à Portsmouth ou d'en sortir.

AMORNY.
Et c'est là qu'est logé le capitaine Richard ?...

MARCEL.
Il l'était... mais depuis deux jours qu'il a été malade, dame Marianne a voulu qu'il habitât sa propre chambre...

AMORNY.
Comment va-t-il ?

MARCEL.
Mieux... mais il est toujours bien triste.

AMORNY.
Avez-vous revu miss Arabelle ?...

MARCEL.
Non, maître... pas depuis deux jours.

AMORNY.
Et le capitaine n'a fait aucune confidence que tu puisses me redire ?

MARCEL.
Aucune.

AMORNY.
Bien vrai ?

MARCEL.
Si j'avais appris quelque chose de nouveau, je ne me ferais pas prier pour vous le dire... Vous me payez mes paroles, mon regret est de n'en pas avoir à vous vendre.

AMORNY.
Va maintenant dire à ce voyageur que je l'attends ici.

MARCEL.
J'y cours. (*À part, en sortant.*) Je savais bien que c'était lui le gentilhomme. (*Il sort par le fond.*)

SCÈNE VI.

AMORNY, puis JACKSON.

AMORNY.
Enfin Jackson est arrivé !... Comme il sera surpris quand je vais lui dire que son voyage était inutile, et qu'aujourd'hui, loin de vouloir fuir l'Angleterre, j'espère y conserver encore et l'opulence et les honneurs...

JACKSON, *entrant.*
Salut, milord...

AMORNY.
Dieu te garde !... Quelles nouvelles apportes-tu ?

JACKSON.
Bonnes !... La France est un pays charmant, où l'on peut vivre aisément dans le plus complet incognito. Il ne nous reste donc plus qu'à régler votre fuite...

AMORNY.
Je ne veux plus fuir, Jackson.

JACKSON, *très-surpris.*
Quoi ?

AMORNY.
Quand je t'ai écrit ma dernière lettre, j'y étais encore bien décidé, puisque je te donnais rendez-vous dans cette maison, hors de la ville, dans laquelle je ne devais plus rentrer. Mais depuis le départ de cette lettre... des événements nouveaux semblent devoir changer toute ma position...

JACKSON.
Et lesquels ?

AMORNY.
Écoute bien, et tu vas pouvoir les apprécier... et me conseiller. (*Il lui commande du geste de fermer la porte et de prendre un siége.*)

JACKSON, *assis.*
Je vous écoute, milord, avec d'autant plus d'intérêt que je crains de votre part une grande imprudence.

AMORNY, *assis*.
Tu vas voir... Tu sais jusqu'à quel point je m'étais dévoué à la reine Élisabeth ?...

BERTRAM LE MATELOT.

JACKSON.
Oui, milord, et heureusement je le sais seul.

AMORNY.
Tu sais quels services je lui ai rendus?

JACKSON.
J'en sais un surtout, milord, un bien terrible, que vous lui rendîtes alors que Maxwell refusait formellement d'exécuter la reine Marie Stuart.

AMORNY.
Silence, Jackson!

JACKSON.
Pardon, milord; mais je dois tout vous rappeler, quand vous cessez de fuir l'Angleterre, quand vous semblez vouloir braver tous les dangers... Je dois vous rappeler que le comte Hamilton, mort dans les prisons de la citadelle, avait été témoin de presque toutes vos œuvres; que le comte a dit aux révérends moines qui l'assistaient à ses derniers moments, qu'il avait remis entre les mains d'un personnage inconnu un testament qui serait un jour donné par lui à ses héritiers, et qui raconterait des crimes et des mystères. Vous avez donc oublié que, depuis deux mois que le fils de Marie Stuart règne sur l'Angleterre, les révérends ont rendu publique cette confidence du comte?

AMORNY.
Non, Jackson.

JACKSON.
Et vous ne craignez donc plus que ce testament vous perde?

AMORNY.
Je le crains toujours.

JACKSON.
Et vous ne fuyez pas?

AMORNY.
Tu sais qu'en arrivant au trône, le premier soin du roi Jacques fut de chercher, délivrer et récompenser les partisans de sa mère, et qu'instruit par les moines de ce fait étrange... il fit des recherches sur les descendants du comte, dont toute la famille avait été massacrée.

JACKSON.
Et que cependant on découvrit qu'une de ses sœurs avait fui dans les États du pape, qu'elle s'y était mariée, et qu'elle y était morte en laissant une fille que le roi d'Angleterre fait aujourd'hui chercher en Italie.

AMORNY.
Parce que le roi espère probablement qu'une fois qu'il aura déclaré cette fille héritière des biens du comte Hamilton, le porteur de ce mystérieux testament viendra le remettre à l'héritière...

JACKSON.
Qui se hâtera naturellement de le communiquer au roi d'Angleterre.

AMORNY.
C'est bien cela... oui, tout ceci est bien clair.

JACKSON.
Parfaitement clair, et votre danger n'est pas douteux.

AMORNY.
Et que dirais-tu, Jackson... si tu apprenais que cette nièce du comte est maintenant à Portsmouth?

JACKSON.
Je dirais que le roi, qui doit y arriver demain, attirerait aussitôt sur elle l'attention de toute l'Angleterre, et que vous seriez bien perdu.

AMORNY, se levant et passant.
Oui... mais le roi n'y arrivera pas demain; car j'ai appris, et cela sans me compromettre, que demain des catholiques, mécontents parce que le roi n'a pas tenu la promesse qu'il leur avait faite en montant sur le trône... doivent, à deux lieues de Portsmouth, dans le détroit de l'île, s'emparer de l'imprudent Jacques Ier, qui voyage sans défiance, pour le forcer à assurer l'accomplissement de ses promesses.

JACKSON.
L'exécution de ce complot peut ne retarder l'arrivée du roi que de quelques jours.

AMORNY.
Et si, pendant ces quelques jours, j'avais eu le temps de devenir l'époux de la nièce du lord comte Hamilton?

JACKSON.
Son époux?...

AMORNY.
Ne penses-tu pas qu'alors je ne devrais plus craindre un testament qui serait, avant tout, remis à ma femme?

JACKSON.
Assurément... mais il faudrait d'abord pour cela...

AMORNY.
Apprends donc qu'il y a huit jours, un bâtiment de l'État, commandé par le capitaine Richard, vient d'arriver à Portsmouth et d'y débarquer la jeune héritière.

JACKSON.
Et vous l'avez vue?

AMORNY.
Il y a trois jours seulement que j'ai été instruit de son arrivée; et aussitôt, usant de mon droit de gouverneur, j'ai fait appeler la jeune miss, lui ai donné pour demeure un palais somptueux... J'ai mis à sa disposition mon carrosse, lui ai donné des domestiques, et lui ai destiné pour cavalier, intendant, serviteur ou confident, un certain Jackson...

JACKSON.
Moi!

AMORNY.
Que je lui ai dit être le plus savant, le plus austère et le plus parfait des hommes.

JACKSON.
Je crois, milord, que vous m'avez un peu vanté. (Avec fatuité.) Si elle allait devenir éprise de moi?

AMORNY, souriant.
C'est impossible! son cœur est occupé déjà!

JACKSON.
De vous?

AMORNY.
Malheureusement non.

JACKSON.
Et de qui donc?

AMORNY.
Du capitaine Richard... qui l'a ramenée.

JACKSON.
Diable!... voici un obstacle...

AMORNY.
Oui, Jackson; mais le seul que nous ayons à vaincre... car j'ai fait parler au roi, qui à cette heure, tu le sais, m'honore et me croit son ami. Si bien qu'il a daigné écrire à miss Arabelle qu'il verrait notre mariage avec plaisir.

JACKSON.
Qu'a-t-elle répondu?

AMORNY.
Rien encore... et son amour est sans doute la seule cause de son hésitation.

JACKSON.
Et quel homme est ce capitaine?

AMORNY.
Un enfant du hasard, recueilli jadis à Douvres par un pasteur, qui l'a lancé tout jeune dans la carrière maritime, où il a brillamment fait son chemin... Il s'est distingué dans nos guerres contre les Espagnols, a fait partie des plus hardis voyages de nos explorateurs... Il est, à vingt ans, capitaine, et ne doit son avancement qu'à sa bravoure; mais il n'a pour fortune que son épée, et pour amie, en Angleterre, qu'une dame Marianne, maîtresse de cette ferme, qui, sans doute, aura eu quelque pitié de l'orphelin dans son enfance...

JACKSON.
Orphelin, pauvre et brave, il remplit toutes les conditions pour être adoré... C'est un rude adversaire...

AMORNY.
Qu'il faut renverser au plus tôt, Jackson; et si je t'ai préparé une si facile admission auprès de miss Arabelle, c'est parce que je veux qu'en quelques jours tu découvres si cet amour peut être facilement effacé de son cœur, ou si nous devrons combattre le capitaine par la force ou la ruse.

JACKSON.
Je vous comprends.

AMORNY.
J'ai laissé mon cheval sur la route, tu prendras celui de mon page pour arriver plus tôt...

JACKSON.
Venez... et sitôt que j'aurai quitté ces habits de voyageur, je me présenterai à miss Arabelle comme le plus savant, le plus austère... et quoi encore?...

AMORNY.
Le plus parfait.

JACKSON.
Le plus parfait des hommes...

AMORNY.
Viens donc.

JACKSON.
Mais, avant tout, réfléchissez, milord... vous pouvez fuir encore.

AMORNY.
Fuir... aller vivre misérable, exilé volontaire, quand ici je puis régner encore... non, Jackson... la vie doit être une bataille tant que l'on a des armes: l'arrivée de la jeune comtesse et la lettre du roi qui autorise mon mariage avec elle en sont de nouvelles avec lesquelles je veux combattre encore.

JACKSON.
Que le sort nous donne la victoire!

AMOURY.
Il nous la donnera... L'on vient... suis-moi, Jackson... et à l'œuvre!

JACKSON.
Je vous suis, milord. (*Ils sortent par le fond, Marcel et Bertram paraissent à droite.*)

SCÈNE VII.

MARCEL, BERTRAM.

MARCEL.
Par ici, maître... venez... Je vais prévenir la maîtresse. (*Il entre dans la chambre à gauche.*)

BERTRAM, *seul.*
Comme mon cœur s'agite... C'est ici surtout qu'il me faut du courage... Je ne pouvais plus refuser de venir trouver Richard, et me voici dans la maison de Marie, aujourd'hui dame Madenne, moi dont l'aspect pourrait faire revivre à ses yeux le danger qui tuerait Richard... Richard, mon fils et le sien; Richard, qui se croit orphelin. Mais Marie ne saurait me reconnaître... l'âge, les chagrins et les blessures m'ont bien changé; les émotions de mon âme pourraient seules me trahir... et j'ai depuis longtemps appris à pleurer dans mon cœur... sans laisser s'échapper une larme de mes yeux. Et c'est ici qu'elle demeure... Quoi!... voici le saint de pierre que j'avais autrefois dans ma cabane, et près de lui le livre de prières qui me consolait autrefois... elle l'a gardé... Pauvre Marie! elle se souvient encore du martyr qui l'aimait. (*Apercevant Richard.*) Voici Richard!

SCÈNE VIII.

BERTRAM, RICHARD.

RICHARD.
Je te trouve enfin, Bertram... que n'es-tu venu plus tôt?...

BERTRAM, *restant dans le fond.*
J'espérais tous les jours, capitaine, vous voir venir à bord...

RICHARD.
Et ce n'est pas à bord que j'espérais te rencontrer, ce que j'ai à te dire doit être l'objet d'une conversation secrète et particulière.

BERTRAM.
Je suis à vos ordres...

RICHARD, *après avoir fait approcher Bertram par un geste.*
Nous allons nous séparer, Bertram.

BERTRAM.
Nous séparer!

RICHARD.
Je vais repartir...

BERTRAM.
Nous repartirons ensemble.

RICHARD.
Non... je veux quitter le service du roi...

BERTRAM.
Vous?

RICHARD.
Je monterai quelque bâtiment d'aventurier s'abandonnant aux chances des découvertes et des hasards.

BERTRAM.
Et vous vouliez me voir pour me dire la cause de cette étrange détermination, n'est-ce pas?

RICHARD.
Non; la cause est un secret que je ne dois pas te confier, car malgré tout ton dévouement, tu n'y pourrais rien, Bertram... Je t'ai fait venir, parce qu'avant de m'éloigner, j'ai voulu te voir pour régler enfin nos comptes... et te demander ce que tu veux en échange des services secrets que tu m'as rendus depuis dix ans.

BERTRAM.
Moi, capitaine?... Je ne vous ai rendu aucun service, vous ne me devez rien...

RICHARD.
Je ne te dois rien, dis-tu?... Crois-tu donc, Bertram, que mon cœur n'a ni reconnaissance, ni mémoire?... Il y a dix ans, nous étions sur le même bâtiment... j'étais mousse et tu étais matelot, lorsque nous combattîmes l'amiral espagnol d'Aguilar... et quand nous abordâmes le vaisseau ennemi... la hache d'un Espagnol m'avait atteint à l'épaule... la mer agitée mugissait... les blessés râlaient... l'incendie éclatait... et, paralysé par le bruit et la peur... je me sentais défaillir, et j'allais tomber à la mer, quand un matelot me retint, et ce fut dans ses bras que je perdis connaissance... Quelques heures après... l'ordre était rétabli, nous étions victorieux... et quand je revins à moi, j'étais couché à l'arrière du navire, on avait pansé ma blessure... j'étais enveloppé dans un des pavillons ennemis, et dès lors le mousse eut le droit de porter une épée... Eh! bien, ce matelot qui m'avait retenu sur le bord de l'abîme et m'avait couché dans le pavillon qu'il avait conquis... c'était toi, Bertram...

BERTRAM.
Oui, je vous avais vu,... pauvre enfant... étourdi par le bruit de la bataille, et, si on vous secourait je vous ai préparé une petite part de triomphe... c'est que j'ai voulu vous faire savoir de bonne heure qu'à côté du danger il y a la gloire, afin qu'à l'avenir l'enthousiasme chassât la peur... qui n'est jamais revenue... Je ne vous ai, dans ce cas, donné qu'un avis salutaire, j'ai fait ce que tout vieux matelot doit faire pour le jeune homme qui commence...

RICHARD.
Mais plus tard, quand j'étais déjà second lieutenant à bord d'une corvette, quand une frégate espagnole nous avait attaqués, quand nous étions perdus sans un trait de courage... quand enfin, tous deux, nageant entre deux eaux, nous parvînmes à détacher de notre bord le grappin de l'ennemi qui s'apprêtait à nous aborder en chantant victoire... pourquoi refusas-tu d'avouer que tu t'étais associé à moi pour cette audacieuse réussite qui nous sauva, et me valut un grade?

BERTRAM.
Parce que, ayant mis le premier une hache d'armes entre vos dents, vous aviez sauté à la mer, et que vous deviez avoir tout le mérite de l'action, vous, jeune homme de quinze ans, qui m'aviez donné l'exemple...

RICHARD.
Mais enfin, ce fut toi qui, deux fois saisissant le gouvernail, nous sauvas dans la tempête, toi qui nous guidas dans notre découverte sur les côtes d'Afrique, toi qui as souvent enrichi mon bord de la dépouille du vaincu et qui restas matelot quand je devins capitaine... Mais l'heure est venue, Bertram, de la récompense et de la vérité.

BERTRAM.
Que voulez-vous faire?

RICHARD.
Écrire au roi Jacques que c'est à toi que l'on doit le pavillon d'Aguilar, le salut de la corvette et la découverte d'une île africaine.

BERTRAM.
Ne faites pas cela...

RICHARD.
Je le ferai... je le jure, je le dois, je le veux...

BERTRAM.
Je vous en prie, capitaine...

RICHARD.
Assez!... je suis homme de cœur, incapable de me parer plus longtemps de la bravoure d'un autre, et ta générosité m'accuse d'ingratitude.

BERTRAM.
Et la vôtre me tuera, capitaine.

RICHARD.
Pourquoi?

BERTRAM.
Pourquoi? parce que... parce qu'il y a dans ma vie un mystère... parce que... puisqu'il faut vous le dire, mes aïeux ont flétri mon véritable nom... parce que je me cache, et ne puis être exposé ni au châtiment ni à la récompense...

RICHARD.
Toi, Bertram?...

BERTRAM.
Je cherchais la mort dans les batailles quand je vous ai vu, pauvre enfant isolé; et moi qui n'avais plus d'avenir, j'ai trouvé une consolation à vivre dans le vôtre... et chaque jour, marchant du même pas que vous dans la vie... j'ai senti les dangers de l'attaque, les émotions des combats, l'ambition de la conquête, l'orgueil de la victoire; j'ai retrouvé avec vous des émotions perdues, des espérances effacées. Quoique tuée par le malheur, mon âme a pu vivre... car, oubliant son infortune, elle avait appris en vous suivant qu'en silence elle pouvait encore aimer, et peut-être espérer.

RICHARD.
Je me tairai, Bertram, je me tairai...

BERTRAM.
Merci, et quelles que soient les courses que vous entreprendrez, vous me laisserez vous suivre?

RICHARD.
Oui!

BERTRAM.
Et la cause de votre départ, me la confierez-vous?...

RICHARD.

Tu m'as confié ton malheur, je vais te dire le mien.

BERTRAM.
Qu'est-ce donc?

RICHARD.
J'aime, Bertram...

BERTRAM.
Miss Arabelle, je le sais...

SCÈNE IX.

LES MÊMES, MARIANNE.

MARIANNE, *entrant par le fond.*
Ah! le matelot Bertram a donc enfin consenti à venir trouver son capitaine...

BERTRAM, *à part.*
Marie!...

RICHARD.
Oui, dame Marianne, et je ne lui en veux plus. (*Marie se débarrasse de sa mante*.)

BERTRAM, *avec agitation.*
Je vais vous laisser, capitaine; nous nous reverrons...

RICHARD, *le remarquant.*
Mais, qu'as-tu donc? pourquoi cette agitation?

BERTRAM.
La conversation que nous venons d'avoir...

RICHARD.
T'a ému, je le conçois.

BERTRAM.
Et cependant j'espère que nous la reprendrons...

RICHARD.
Quand tu voudras.

BERTRAM.
Bientôt... je pars. (*A Marianne.*) Dieu vous garde, madame!

MARIANNE.
Vous partez... Ce n'est pas moi qui vous renvoie...

RICHARD.
Peut-être... quand Bertram est à terre, les matelots du bord l'ont surnommé Solitude.

MARIANNE.
Vraiment?

RICHARD.
Oui, dame Marianne... mais en mer nous l'appelons tous Providence...

BERTRAM, *agité.*
Au revoir, capitaine.

RICHARD.
Au revoir, mon vrai... mon seul ami... (*Bertram sort par la droite. Après l'avoir accompagné et avoir refermé la porte, à part.*) J'aurai, quoi qu'il arrive, un compagnon de voyage.

MARIANNE.
Tu as quelque chose à me dire, n'est-ce pas?

RICHARD.
Oui, Marianne.

MARIANNE.
Aussi, tu le vois, j'ai été bientôt revenue.

RICHARD.
Dites-moi, Marianne, vous qui seule avez vu mon enfance... dites-moi la vérité, ne savez-vous rien de mon père ou de ma mère?...

MARIANNE
Rien!...

RICHARD.
Le pasteur de Douvres qui m'a recueilli et dont vous étiez l'amie ne vous a jamais rien dit?...

MARIANNE.
Il m'a dit seulement t'avoir trouvé pleurant sur le bord de la mer et avoir vainement cherché la trace de ta famille; alors il t'éleva comme tu le sais, te mit sur le bâtiment d'un de ses parents... tu avais dix ans alors... tu commençais tes voyages quand le bon pasteur mourut, et tu rejetas toute ton affection sur moi, qui lui survivais et lui avais promis de le remplacer auprès de toi...

RICHARD, *avec désespoir.*
Oh! malheur à moi... l'enfant de la pitié!

MARIANNE.
D'où vient cet égarement?...

RICHARD.
Vous savez, Marianne, mon amour pour miss Arabelle, vous qui l'avez vue ici près de nous... mais vous ne savez pas jusqu'à quel point ce fol amour s'est emparé de moi... vous ne savez pas que sans elle il n'y a plus pour moi d'ambition, plus d'avenir...

MARIANNE.
Et pourquoi t'alarmer ainsi?

RICHARD.
Parce que miss Arabelle est à jamais perdue pour moi...

MARIANNE.
Et pourquoi cela?

RICHARD.
Depuis trois jours elle a quitté cette demeure pour se rendre à une invitation de lord Amorny, gouverneur de Portsmouth...

MARIANNE.
Oui, sa longue absence nous a souvent étonnés. Est-ce que tu en savais la cause?

RICHARD.
Oui, Marianne.

MARIANNE.
Qu'est-ce donc?

RICHARD.
Miss Arabelle, héritière de la maison d'Hamilton, a été appelée en Angleterre par le roi Jacques, qui lui a rendu les titres et les biens de ses pères...

MARIANNE.
Est-ce possible?

RICHARD.
Vous voyez bien, Marianne, que lady Arabelle Hamilton est à jamais perdue pour moi...

MARIANNE.
Pauvre Richard!...

RICHARD.
Et voilà la cause de ma tristesse... de ma souffrance... de ma faiblesse... Et moi! moi!... qui regarderais la mort en face sans pâlir... je ne puis dominer le désespoir qui me dévore... et je pleure comme un enfant... comme un lâche!...

MARIANNE.
Non... il n'y a pas de lâcheté dans les larmes qui s'échappent d'un cœur brisé... Pleure, pauvre enfant...

RICHARD, *entendant du bruit.*
Mais quel est ce bruit au dehors!... N'ouvrez pas, Marianne; je ne veux pas que d'autres que vous sachent que j'ai pleuré.

MARIANNE, *regardant par la fenêtre.*
C'est un carrosse qui vient d'entrer dans la cour de la ferme.

RICHARD, *regardant.*
Celui de lord Amorny! une femme se penche à la portière... C'est elle, Marianne, elle vient entourée de son opulence!... Adieu, Marianne... je ne pourrais la voir... (*Il veut sortir à droite.*)

MARIANNE, *le retenant.*
Mais, peut-être...

RICHARD.
Je ne veux pas apprendre mon malheur de sa bouche.

MARIANNE, *désignant la porte à gauche.*
Eh bien! entre là, et je t'appellerai quand miss Arabelle sera partie... (*Il entre dans la chambre à gauche.*)

MARIANNE.
Seigneur, mon Dieu! qui avez permis cet amour... est-ce que son malheur va commencer? (*Se rapprochant de la fenêtre.*) Oui, c'est bien elle!... Quel est cet homme qui est descendu du carrosse?... Il lui offre la main... il donne des ordres aux valets... il accompagne la jeune miss... que va-t-elle me dire?...

SCÈNE X.

MARIANNE, JACKSON, ARABELLE.

JACKSON, *richement vêtu, par le fond.*
Permettez, madame, que je vous annonce la venue de milady comtesse Arabelle.

ARABELLE, *entrant et tendant la main à Marianne.*
Bonjour, dame Marianne.

MARIANNE.
Bonjour, milady.

ARABELLE.
Vous savez ma nouvelle fortune?

MARIANNE.
Depuis une heure seulement.

ARABELLE.
Et par qui l'avez-vous apprise?

MARIANNE.
Par le capitaine Richard...

ARABELLE.
Richard!... Et j'ai profité d'un instant de loisir pour venir vous voir, dame Marianne, car j'ai bien des choses à vous dire... mais pour cela (*Elle regarde Jackson.*) je voudrais être seule avec vous...

JACKSON, *vivement.*
Je vais me retirer, milady, et vous attendre.

ARABELLE.
Vous m'excuserez, monsieur...
JACKSON.
Milady, quand le noble comte Amorny m'a chargé de me mettre à vos ordres, j'ai compris que je devais vous être souvent utile, et jamais importun...
ARABELLE.
Et je vous sais gré de vos bons soins pour moi. (*Jackson s'incline et sort, Marianne l'accompagne.*)

SCÈNE XI.
MARIANNE, ARABELLE.

MARIANNE, *à part.*
J'espère qu'elle va me parler de Richard. (*Haut.*) Eh bien ! milady, vous voilà bien heureuse.
ARABELLE.
Heureuse !... je n'en sais rien encore... Il y a trois jours, c'était une surprise accablante ; le lendemain, des félicitations ; et hier, une lettre du roi Jacques qui semble déjà m'assigner lord Amorny pour époux.
MARIANNE.
Lord Amorny ?
ARABELLE.
Et toute la nuit, dame Marianne, j'ai relu avec terreur cette lettre du roi ; et ce matin... j'ai écrit une réponse que j'ai apportée, car je veux votre avis... je veux vous la lire...
MARIANNE.
Mon avis, je n'oserais jamais vous le donner, milady.
ARABELLE.
Et pourquoi ?... Un bon cœur doit toujours bien conseiller... Écoutez... (*Elle lit.*) « Sire, vous m'engagez à prendre un époux « capable de m'aider à soutenir ma fortune et mon nom... Souf-« frez, sire, je vous en supplie, que je reste libre encore pendant « deux ans au moins avant de contracter une alliance qui doit « être à la fois décidée par la sagesse et l'affection...
MARIANNE.
C'est très-bien, cela.
ARABELLE.
« Permettez aussi, sire, qu'aucun lien de fiançailles ne m'en-« gage dans l'avenir... car tel noble en faveur aujourd'hui peut « demain tomber en disgrâce...
MARIANNE.
Oh ! c'est bien vrai... Il suffit d'une faute.
ARABELLE.
Et même d'un caprice du roi.
MARIANNE.
C'est ce que j'allais vous dire...
ARABELLE, *continuant sa lecture.*
« Tandis que tel jeune et courageux sujet de Votre Majesté, « presque obscur aujourd'hui, peut, en se révélant, conquérir « en peu de temps une place inespérée...
MARIANNE.
Oh ! que c'est bien cela... et vrai !...
ARABELLE.
On ne peut rien affirmer, dame Marianne, mais il faut tout prévoir...
MARIANNE.
Assurément...
ARABELLE.
Il peut arriver qu'un jeune homme, qui n'est aujourd'hui que... capitaine...
MARIANNE.
Devienne en peu de temps... on ne sait pas... il ne faut pour cela qu'une bataille gagnée...
ARABELLE.
Tenez... le capitaine Richard, par exemple... je vous le cite de préférence aux autres, parce que...
MARIANNE.
Vous ne connaissez que lui...
ARABELLE.
Oui... il est brave.
MARIANNE.
Très-brave...
ARABELLE.
Prudent...
MARIANNE.
Très-prudent...
ARABELLE.
Il ne faudrait qu'un événement...
MARIANNE.
Pour que...
ARABELLE.
Pour que... (*Elles se regardent toutes deux sans achever la phrase.*) Et ma lettre finit par des phrases de respect et de soumission... Faut-il, dame Marianne, y changer quelque chose ?
MARIANNE.
Pas un mot.
ARABELLE.
Le messager du roi doit m'attendre au palais... je vais l'envoyer sans retard...
MARIANNE.
Vous voulez partir ?...
ARABELLE.
Il le faut !... mais si vous vouliez me rendre bien heureuse...
MARIANNE.
Eh bien ?...
ARABELLE.
Vous viendriez passer quelques heures avec moi...
MARIANNE.
Très-volontiers !...
ARABELLE.
Partons. Je vous ai lu, dame Marianne, cette lettre en secret...
MARIANNE.
Je n'en parlerai à personne...
ARABELLE.
Cependant ce n'est pas un mystère... Si le capitaine Richard vous questionnait ?...
MARIANNE.
Et il me questionnera... il prend tant d'intérêt... Si vous saviez ce qu'il a souffert de votre départ... Et quand il a appris vos nouveaux honneurs, il a tout apprêté pour quitter à jamais l'Angleterre...
ARABELLE.
Mais je ne le veux pas... cela me ferait maudire ma nouvelle fortune...
MARIANNE.
A nous deux, milady, nous le ferons changer de résolution, je le crois...
ARABELLE.
Nous essayerons... venez... (*Elle ouvre la porte du fond et trouve Jackson, qui la salue et l'accompagne.*)
MARIANNE, *vivement.*
Et Richard ?... (*Elle va ouvrir la porte à gauche.*)
RICHARD, *à demi-voix, en entrant.*
Marianne... j'étais là... j'ai tout entendu.
MARIANNE, *vivement.*
Es-tu content ?...
RICHARD, *de même.*
Je suis trop heureux !...
MARIANNE, *de même.*
Tu vois bien qu'il ne faut pas se désespérer... Embrasse-moi ! (*Courant vers la porte.*) Je vais rejoindre miss Arabelle...
RICHARD.
Au revoir... Marianne...
MARIANNE.
Au revoir... (*Elle sort par le fond.*)

SCÈNE XII.
RICHARD, *seul.*

Oh ! joies du ciel et de la terre !... vous êtes à moi, maintenant... (*Regardant par la fenêtre.*) Les voici... L'homme qui accompagnait Arabelle fait ouvrir la voiture... Ils montent tous trois... ils sont partis !... (*Redescendant la scène.*) Comme mon cœur est léger... comme ma pensée grandit... comme un seul mot d'Arabelle a éteint ma douleur !... combien je me sens, à cette heure, d'ambition, de force... J'ai deux ans pour acquérir un nom... deux ans !... Pourvu, mon Dieu ! que ces deux années ne se passent pas en projets stériles... en infructueuses tentatives !...

SCÈNE XIII.
RICHARD, SAMUEL WARTON. (*Samuel porte un costume d'aventurier.*)

SAMUEL.
Le capitaine Richard ?... c'est vous !... oui, je vous reconnais... je vous ai déjà vu...
RICHARD.
Où donc ?
SAMUEL.
Il y a quatre jours, sur le port, avec miss Arabelle.
RICHARD.
Que veux-tu ?...
SAMUEL.
Vous rendre un service et vous en demander un autre.
RICHARD.
D'abord, qui es-tu ?
SAMUEL.
Un homme qui, depuis deux mois qu'il est sorti de prison,

poursuit la même recherche... sans repos, sans relâche.
RICHARD.
Et que cherches-tu?
SAMUEL.
Je cherche une femme et son fils.
RICHARD.
Ta famille?
SAMUEL.
Non... celle d'un ami qui est mort...
RICHARD.
Quel indice as-tu pour te guider?
SAMUEL.
Aucun!... Aussi je commence à désespérer.
RICHARD.
Et quel service veux-tu de moi?
SAMUEL.
Parlons d'abord de celui que je veux vous rendre, car les instants sont précieux...
RICHARD.
Hâte-toi donc!
SAMUEL.
Pour parvenir à m'insinuer partout, je me suis fait un peu de toutes les religions et de tous les partis, et tout à l'heure je viens d'apprendre de mécontents exaltés que cette nuit, dans quelques heures peut-être, le roi Jacques, qui vient à Portsmouth, doit être attaqué par surprise et enlevé dans le détroit de l'île de Withg, à cinq lieues de Portsmouth.
RICHARD.
Le roi!...
SAMUEL.
Oui... et, pour le garantir, il faudrait qu'un marin habile, montant une légère chaloupe et chassant hardiment en pleine mer, pût atteindre l'embarcation du prince au delà du détroit, et lui conseiller une autre route en le prévenant du danger.
RICHARD.
Oui...
SAMUEL.
Et j'ai pensé vous rendre service en vous offrant, à vous, jeune homme, cette occasion de gagner un titre qui vous permettra de prétendre à la main de miss Arabelle, que vous aimez...
RICHARD.
Qui t'a dit cela?
SAMUEL.
Vous avez fait un voyage avec elle; vous êtes jeune, elle est jeune, vous devez vous aimer; quand vous avez appris sa noblesse, vous avez dû souffrir, et vous espérez la mériter plus tard, parce qu'à votre âge on espère toujours... il n'y a pas besoin d'être sorcier pour deviner tout cela.
RICHARD.
Mais, dis-moi... pourquoi n'as-tu pas été prévenir le gouverneur de cet événement?
SAMUEL.
Parce que je doute de son dévouement au roi.
RICHARD.
Et pourquoi n'es-tu pas du nombre des mécontents?
SAMUEL.
Parce que j'aime le fils de Marie Stuart.
RICHARD.
Que ne te hâtes-tu toi-même à sa défense?
SAMUEL.
C'est que je vous sais plus habile que moi, qui ne suis pas marin...
RICHARD.
Et qui t'a confié ce complot?
SAMUEL.
Des hommes que je puis désapprouver, mais que je ne voudrais pas perdre... et, comptant sur ma propre discrétion, j'ai compté sur l'honneur du capitaine Richard.
RICHARD.
Et tu as bien fait... Cette nuit, si je ne meurs pas en chemin, j'atteindrai le roi Jacques... Et que dois-je faire pour toi?
SAMUEL.
Peu de chose... écrire quelques lignes que je vais vous dicter.
RICHARD.
Mais...
SAMUEL.
Vous aurez toujours le droit de les anéantir, si vous ne voulez me les confier quand elles seront écrites.
RICHARD, *passant à la table*.
C'est vrai... dicte...
SAMUEL, *dictant*.
« Miss comtesse Arabelle...
RICHARD, *surpris*.
Arabelle?
SAMUEL.
Oui.

RICHARD, *écrit*.
Après?
SAMUEL.
« Samuel Warton (c'est mon nom)... serviteur dévoué du « comte Hamilton, et qui fut prisonnier comme lui à la citadelle « de Portsmouth, demande à entrer à votre service... Je vous l'a-« dresse, et lui ai promis ma protection auprès de vous... » Signez.
RICHARD, *après avoir signé*.
Et quel est donc ton but?
SAMUEL.
D'abord, de bien servir la comtesse, et ensuite de lui confier peut-être un grand secret, afin qu'elle m'aide à chercher le fils de mon ami dans un monde où ma pauvreté me défend d'entrer... Eh bien! vous hésitez?... Que craignez-vous?
RICHARD.
Rien. Voici la lettre.
SAMUEL, *la prenant*.
Merci... Ah! j'oubliais... si par hasard vous étiez inquiété par les conspirateurs, leur mot d'ordre est : *L'Évangile et le pape*.
RICHARD.
L'Évangile et le pape?
SAMUEL.
Oui. Dieu vous garde, jeune homme! (*Il monte la scène.*)
RICHARD.
Mais dis-moi?
SAMUEL.
Qu'est-ce?
RICHARD.
Si le roi me récompense, que te devrai-je?
SAMUEL.
Rien. (*Il va à la porte.*)
RICHARD, *l'accompagnant*.
C'est peu.
SAMUEL.
C'est assez.
RICHARD.
Tu n'es pas ambitieux.
SAMUEL.
Je n'en ai pas le temps, capitaine... Que le ciel vous protège!
RICHARD.
Que le ciel te conduise! (*Samuel sort; la nuit commence.*)

SCÈNE XIV.
RICHARD, *seul*.

Singulière aventure!... si c'était un piège?... mais pourquoi?... je n'ai pas d'ennemis.,. et si l'on voulait me perdre, ou ne m'engagerait pas à agir dans l'intérêt du roi... Non... ce complot est probable; d'ailleurs, Bertram m'a déjà dit avoir entendu parler de l'agitation des mécontents... Et cet homme, mieux instruit que lui, vient de me dévoiler leurs projets... Allons... à l'œuvre... je n'ai pas le temps de réfléchir... Ma chaloupe... m'est fidèle. (*Il va pour sortir et s'arrête au fond.*) Mais quels sont ces hommes qui entrent dans la cour?... Marcel va à leur rencontre... Que veulent-ils?... Oh! je n'ai pas le temps de m'en informer, je dois au contraire éviter leur rencontre, car tout retard pourrait compromettre la liberté du roi Jacques, et faire avorter ma tentative. Allons, capitaine Richard, à la mer! (*Il s'échappe à droite.*)

SCÈNE XV.
JACKSON, TROIS ARCHERS, *par le fond*.

JACKSON.
Venez, hâtez-vous... entrez dans cette chambre... cherchez, fouillez... brisez, et tous les objets cachés, tous les papiers écrits, vous me les apporterez. (*Les archers entrent à gauche.*) Oui, c'est bien elle!... je l'ai bien reconnue, face à face avec elle dans cette voiture pendant tout le trajet... Et puis j'y songe, plus je me crois sûr du résultat que j'espère... Oui, c'était bien Marie, la femme de Georges... et le capitaine Richard doit être l'enfant qui venait de naître il y a vingt ans... lui recueilli par un pasteur, à Douvres... lui qui ne sait rien de sa famille... et semble en avoir trouvé une tout entière dans Marianne... ou plutôt dans Marie... Marie qui avait un fils et qui n'en parle pas!... Que serait-il donc devenu? (*Un archer paraît avec des papiers; les deux autres l'accompagnent.*)

UN ARCHER.
Voici, maître... ce que nous avons trouvé.
JACKSON, *prenant les papiers*.
Des papiers... donne. (*Les examinant.*) Ceci est l'acte d'acquisition de cette ferme. (*Il le jette sur la table.*) Des lettres !... voyons leurs dates... il y a plus de vingt ans... signées... Georges!... Ah! je ne m'étais donc pas trompé... tu m'as chargé,

comté Amorny, de trouver un empêchement au mariage de Richard avec miss Arabelle... Tu seras content de moi.... (*Aux archers.*) Écoutez-moi, vous autres (*Les archers l'entourent.*), vous allez attendre aux environs de cette ferme le retour de dame Marianne, vous l'arrêterez sans bruit, et la conduirez au palais du gouverneur.

LES ARCHERS.

La dame Marianne?

JACKSON.

Oui, la mère du capitaine Richard, et la femme de Georges Maxwell, fils du bourreau Maxwell qui a tué la reine Marie Stuart... Venez... (*Ils sortent par le fond.*)

ACTE II.

Une salle du château de lord Amorny. Portes latérales; une fenêtre; tables, sièges. La table est au premier plan, à gauche.

SCÈNE I.

LORD AMORNY, *seul près de la fenêtre, regardant avec attention au dehors.*

Le ciel s'éclaircit à l'horizon, la pluie ne tombe plus, mais les nuages marchent avec tant de rapidité qu'il est à craindre que le vent qui les pousse n'amène encore la tempête... Quelle nuit de désastre !... peut-être a-t-elle empêché les mécontents d'agir contre le roi Jacques... et, s'il en était ainsi, l'arrestation de dame Marianne n'amènerait qu'un résultat trop tardif pour moi. (*Voyant entrer Jackson.*) Ah ! te voilà, Jackson... Eh bien ?

SCÈNE II.

AMORNY, JACKSON.

JACKSON.

Deux cents travailleurs sont occupés par votre ordre au sauvetage du navire qui a échoué cette nuit en vue du port; les veilleurs des côtes ont signalé la perte d'un cabotier, et la mer apporte toujours de nouveaux débris.

AMORNY.

Quelle tempête... Jackson !

JACKSON.

Furieuse, milord... Cette nuit restera dans le souvenir des habitants de Portsmouth.

AMORNY.

Aura-t-elle perdu ou préservé le roi ?...

JACKSON.

Il n'avait pas encore atteint cette nuit le détroit où l'épiaient les mécontents... car dans ce cas, emporté par la tempête, on aurait vu déjà sa galère ; le vent n'a cessé de souffler dans la direction de Portsmouth.

AMORNY.

Tu me rassures, Jackson... Occupons-nous donc, sans retard, de la dame Marianne et du capitaine Richard.

JACKSON.

Vous pouvez dire de Marie et de son fils !

AMORNY.

Non, Jackson, pas encore ; dans toutes ses lettres que j'ai parcourues, Georges a évité de parler de son fils... Bien que chacune d'elles prouve la liaison de Georges et de Marie, aucune ne nous autorise à publier d'abord que Marianne est Marie, et ensuite qu'elle est la mère du capitaine... Et si elle nie obstinément...

JACKSON.

Nous aurons déjà pour nous un doute qui pourra nuire au capitaine.

AMORNY.

C'est une certitude qui serait une victoire.

JACKSON.

Nous parviendrons peut-être à l'acquérir.

AMORNY.

Je veux, sans retard, questionner dame Marianne.

JACKSON.

Avant tout, milord, je vous conseille d'interroger un personnage dont les réponses vous serviront peut-être.

AMORNY.

Qui donc?

JACKSON.

Avez-vous souvenance d'un certain Samuel Warton ?

AMORNY.

Le laboureur d'Essex ?

JACKSON.

Oui... vous n'avez pas oublié sans doute que ce lui, lui qui voulut défendre le comte Hamilton dans la cabane de Georges...

AMORNY.

Et que vous emprisonnâtes à la citadelle de Portsmouth?

JACKSON.

Précisément... Eh bien ! milord, hier j'ai revu ce Samuel.

AMORNY.

Où donc?

JACKSON.

Au palais de miss Arabelle, chez laquelle il se présentait à titre d'ancien serviteur du comte Hamilton... Je me suis souvenu qu'il avait été l'ami de Georges, qu'il avait connu Marie ; et pensant qu'en le questionnant vous pourriez peut-être découvrir quelque chose d'important, je l'ai fait venir ici de votre part.

AMORNY.

Tu as bien fait, Jackson... Oui, je dois le questionner avant Marianne... Fais-le venir.

JACKSON.

Je vais vous l'amener... milord. (*Il sort.*)

AMORNY, *allant s'asseoir près de la table.*

Cet homme est sans méfiance... il pourra toujours me dire ce qu'il avait appris avant son arrestation, et m'aider à convaincre Marie, si elle voulait nier son passé... Le voici. (*Jackson introduit Samuel et sort.*)

SCÈNE III.

AMORNY, JACKSON, SAMUEL.

AMORNY, *à Samuel.*

Entrez, Samuel !

SAMUEL, *entrant.*

Salut, milord... (*Sur un geste d'Amorny, Jackson se retire — A part.*) Seul avec moi... que veut-il?

AMORNY.

Nous nous sommes déjà vus, Samuel...

SAMUEL.

Oui, milord... il y a longtemps... dans le ravin qui bordait l'étang de la plaine...

AMORNY.

Ce jour-là, tu fus... maladroit, et l'on t'a puni.

SAMUEL.

Oui... j'ai fait alors quinze mois de prison pour avoir eu la maladresse de ne pas vous laisser noyer... et depuis lors, j'ai été emprisonné pendant vingt ans pour avoir aimé la mère du roi qui nous gouverne aujourd'hui.

AMORNY.

C'est à l'époque de ce second emprisonnement que je t'ai vu pour la seconde fois...

SAMUEL.

Où donc?

AMORNY.

Près de Douvres, dans la cabane de Georges.

SAMUEL.

De Georges!

AMORNY.

Maxwell...

SAMUEL.

Je ne vous y ai jamais vu.

AMORNY.

J'étais masqué...

SAMUEL.

Ah ! c'était vous qui... Je ne m'étonne pas si je ne vous ai pas reconnu... car, si j'ai bonne mémoire, vous n'aviez pas de masque le jour que... (*Il fait le geste de le jeter par-dessus la haie.*)

AMORNY, *se levant.*

C'est bon !... c'est bon !... Et, dis-moi.. tu connaissais ce Georges?

SAMUEL, *réfléchissant.*

Ah ! c'était le comte Amorny qui...

AMORNY.

Eh bien ! tu ne me réponds pas...

SAMUEL.

Pardon, milord... c'est que je pensais...

AMORNY.

Et que pensais-tu?

SAMUEL.

Je pensais que si je n'avais pas eu la maladresse de vous repêcher dans l'étang... vous n'eussiez pas pu, quelques années plus tard, arrêter le comte Hamilton... Mais enfin... c'est fait, c'est fait... Il n'y a malheureusement pas à recommencer... Et vous me demandiez, milord?

AMORNY.

Si tu connaissais ce Georges Maxwell ?

SAMUEL.

Je lui devais la vie.

AMORNY.
Tu connaissais aussi sa femme ?

SAMUEL.
Marie ?

AMORNY.
Oui...

SAMUEL.
Je l'ai vue.

AMORNY.
Et leur enfant ?... car il avait un fils.

SAMUEL.
Oui, milord, qui avait huit mois alors, et qui doit avoir maintenant près de vingt et un ans... Ce doit être un homme.

AMORNY.
Tu en es bien sûr ?

SAMUEL.
Oh ! oui, bien sûr, milord.

AMORNY, *à part.*
Voilà une franche affirmation...

SAMUEL, *à part.*
Où veut-il en venir ?

AMORNY.
Et Marie n'ignorait pas que Georges était fils de Maxwell, n'est-ce pas ?

SAMUEL.
Georges s'est tué lorsque sa femme venait de l'apprendre.

AMORNY.
Dès lors, elle a dû cacher à son enfant le nom de son père !

SAMUEL.
Elle a dû même éviter qu'il la connût pour sa mère...

AMORNY.
Et tu n'as pas revu Marie ?

SAMUEL.
Hélas ! non !... J'ai été vingt ans en prison, et depuis que j'en suis sorti, je l'ai vainement cherchée.

AMORNY.
Que lui voulais-tu donc ?

SAMUEL.
La revoir, elle et son fils, pour leur dire... Mais vous, milord, qui en parlez avec intérêt...

AMORNY.
Je l'ai vue, moi.

SAMUEL.
Où donc, milord ?

AMORNY.
Ici.

SAMUEL.
Ici... Et son enfant... son fils ?

AMORNY.
Son fils... nous en parlerons plus tard.

SAMUEL.
Il existe donc encore ?

AMORNY.
Je l'espère ; mais d'abord, es-tu sûr que tu reconnaîtrais Marie... depuis si longtemps...

SAMUEL.
Oh ! je la reconnaîtrais, milord, je vous l'affirme !

AMORNY.
Attends, et tu vas la voir.

SAMUEL.
La voir !...

AMORNY, *appelant à la porte du fond.*
Jackson !...

SAMUEL.
Enfin ! mon Dieu ! vous venez à notre secours... (*Observant Amorny qui parle bas à Jackson qui vient d'entrer.*) Que disent-ils ?... (*Jackson se retire.*)

AMORNY, *à Samuel.*
Écoute, Samuel. (*Il s'assied près de la table.*)

SAMUEL.
Milord. (*Il s'approche.*)

AMORNY.
Viens ici !... et reste là près de moi... Une femme va venir... tu l'examineras attentivement... et si tu reconnais en elle Marie, la mère de l'enfant de Georges Maxwell, qu'aucune exclamation ne te trahisse... tu me le diras bas à l'oreille... et tu me laisseras seul avec elle.

SAMUEL.
Mais pourquoi, milord... tout ce mystère ?...

AMORNY.
Tu resteras au palais, Samuel ; et quand je te ferai rappeler près de moi, je pourrai peut-être t'en dire davantage...

SAMUEL.
C'est bien, milord.

AMORNY.
Tu feras ce que je te demande ?

SAMUEL.
Oui...

AMORNY.
Tu le jures ?

SAMUEL.
Je le jure.

AMORNY.
La voici... sois discret, attentif... et regarde-la bien... (*La porte s'ouvre, Jackson entre en causant avec Marianne par la droite.*)

SAMUEL, *à demi-voix.*
Marie !... C'est elle... milord, c'est elle.

AMORNY, *à demi-voix.*
Tu ne te trompes pas ?

SAMUEL, *haut.*
Je le jure sur ma tête !

AMORNY.
Silence !... C'est bien... laisse-nous...

SAMUEL, *à part.*
Que veut-il faire ? N'importe... j'ai vu Marie, maintenant je saurai bien la rejoindre...

AMORNY.
Eh bien ?

SAMUEL.
Je me retire, milord... (*Il s'approche de la porte du fond, près de laquelle l'attend Jackson ; s'arrête encore une fois pour regarder Marianne et sort avec Jackson.*)

SCÈNE XV.

AMORNY, MARIANNE.

MARIANNE.
J'attendais avec impatience, milord... l'instant où je vous verrais, car cette nuit... j'ai été entraînée hors de chez moi, comme si j'étais coupable... Que me voulez-vous, milord ?

AMORNY.
Vous parler, dame Marianne, du capitaine Richard...

MARIANNE.
Est-ce qu'il lui serait arrivé malheur ?

AMORNY.
Pourquoi cette inquiétude ?...

MARIANNE.
Parce que, hier soir, il s'est mis seul en mer sur une légère chaloupe.

AMORNY.
Hier ?...

MARIANNE.
Oui, milord... une heure avant la tempête...

AMORNY, *à part.*
Je l'ignorais !... (*Haut.*) Non, dame Marianne, je n'ai rien appris sur le sort du capitaine ; mais, outre le danger du naufrage, il en court un autre plus terrible peut-être, et dont vous seule pouvez le garantir...

MARIANNE.
Moi, milord...

AMORNY.
Oui, Marianne, avec un seul mot.

MARIANNE.
Lequel, milord ?... je suis prête à le prononcer.

AMORNY.
Avouez-moi donc secrètement que Richard est fils de Georges Maxwell...

MARIANNE.
Lui !... je ne sais pas, moi, milord, je n'ai jamais vu son père.

AMORNY.
Si vous me l'avouez ici, à moi qui comprends votre mystère et qui plains le capitaine... nous pourrons peut-être le soustraire à la rigueur des lois...

MARIANNE.
Mais, milord... je ne sais rien... je ne puis rien avouer.

AMORNY.
Pourtant, Georges Maxwell était votre époux.

MARIANNE.
Non, milord...

AMORNY.
Un homme qui sort d'ici vient de reconnaître en vous Marie... la femme de Georges.

MARIANNE.
Il s'est trompé.

AMORNY.
Vous mentez !... femme... (*Lui montrant des lettres.*) Voici les lettres que Georges vous écrivait autrefois...

MARIANNE.
Des lettres?
AMORNY.
Trouvées chez vous...
MARIANNE, à part.
Mon Dieu !... (Haut.) Eh bien, oui, milord... j'aimais Georges...
AMORNY.
Et vous lui aviez donné un fils.
MARIANNE.
C'est vrai...
AMORNY.
Qu'est-il devenu ?
MARIANNE.
Je l'ai perdu peu de temps après la mort de son père.
AMORNY.
Qui a donc donné la sépulture à votre enfant?
MARIANNE.
Le pasteur de Douvres...
AMORNY.
Il pourra l'affirmer... par serment?
MARIANNE.
Il est mort.
AMORNY.
Fort à propos, sans doute... Un aveu de vous, Marianne, pourrait sauver Richard de l'ignominie où votre silence va le plonger... C'est avec moi que, dès demain, le roi d'Angleterre va chercher le petit-fils du bourreau de Marie Stuart... Nos indices certains nous conduiront à notre but; le capitaine, convaincu, aura demain à choisir entre le terrible devoir et la prison perpétuelle... Aujourd'hui, vous pouvez le sauver. (Marie reste immobile et réfléchit. A part.) Elle hésite!... (Se rapprochant d'elle.) Eh bien! Marianne?... (La porte du fond s'ouvre.)
JACKSON.
Milord! un matelot insiste pour parler au gouverneur.
AMORNY.
Que veut-il?
JACKSON.
Faire une révélation au sujet du fils de Maxwell...
MARIANNE, à part, avec terreur.
Une révélation !
AMORNY, à Jackson.
Questionne-le, d'abord.
JACKSON.
Il refuse de me répondre...

SCÈNE V.

LES MÊMES, BERTRAM.

BERTRAM, en dehors.
Arrière!... je veux entrer, vous dis-je... (Il paraît et s'arrête au fond.)
MARIANNE, à part.
Bertram.
AMORNY, allant à lui, avec colère.
De quel droit oses-tu entrer ainsi sans permission?
BERTRAM, vivement.
Il s'agit bien de permission quand il y a de l'honneur d'un homme... a le droit d'entrer partout... et je l'apporte avec moi... Milord!... j'ai appris tout à l'heure, par des archers avec lesquels je travaillais sur le port... que le capitaine Richard est soupçonné d'être le fils de Georges Maxwell, et je suis accouru, moi, qui peux vous dire la vérité.
MARIANNE.
Que va-t-il dire?
AMORNY.
Parle donc...
BERTRAM.
Oui... milord... dame Marianne était bien la compagne de Georges Maxwell et la mère de leur fils... Je le sais, moi qui étais l'ami de Georges...
MARIANNE, à part.
L'ami de Georges...
BERTRAM.
Et je sais encore...
MARIANNE.
Georges n'avait pas d'ami... milord... je ne connais pas cet homme...
BERTRAM.
Il en avait un seul, et c'était moi... Cette femme... milord, a dû vous dire que leur enfant était mort jeune encore, et c'est là ce que, pour le repos du capitaine Richard, je viens vous affirmer, moi qui le sais mieux que personne...
MARIANNE, à part.
Que dit-il?
AMORNY, à Bertram.
La preuve de sa mort? (Jackson passe à la droite d'Amorny.)
BERTRAM.
Elle est tout entière dans ma conscience... et dans ce que je viens vous dire... Écoutez !...
AMORNY.
D'abord, tu dis avoir été l'ami de Georges, et sa femme ne te reconnaît pas...
BERTRAM.
Parce que sa mémoire est infidèle. (A Marianne.) Mais regardez-moi donc, madame... ne me reconnaissez-vous pas?
MARIANNE, le reconnaissant.
Grand Dieu !
BERTRAM, avec précipitation.
Elle me reconnaît, milord; mais questionnez-la donc. (A Marie.) Mais, dites-le donc, madame?
MARIANNE, cherchant à se remettre.
Je reconnais cet homme pour avoir été l'ami de Georges Maxwell.
BERTRAM.
Et en échange de son dévouement pour moi qui savais ses douleurs, Georges avait dans un jour de fièvre exigé que je m'engageasse par serment à faire mourir son fils au berceau, si le malheur l'obligeait à se tuer lui-même... Et quand, un jour fatal, je trouvai sur les rochers de la falaise de Douvres le corps inanimé, mutilé de Georges qui s'était jeté à la mer, je me souvins de mon serment..., et, plein d'un douloureux courage, je pris le chemin de la morne cabane, et chaque jour en consolant la pauvre veuve je versais un poison lent dans le breuvage de l'enfant condamné, qui s'est éteint dans les bras de sa mère... C'était un crime, en même temps qu'un devoir... et le ciel, qui n'a pas fait les injustes lois des hommes, m'en absoudra peut-être; mais à cette heure le capitaine Richard, enfant abandonné jadis, sans défense contre les soupçons... compromis par son âge et l'affection de dame Marianne, est accusé d'être l'enfant maudit... Mais je viens, au prix de ma vie, vous dire la vérité, je le répète ici, j'ai anéanti le dernier des Maxwell... Cessez donc toute recherche... il est mort... et vous ne le trouverez pas... puisque vous tenez entre vos mains l'homme qui l'a fait mourir.
MARIANNE, à part.
Seigneur!... vous êtes témoin de son courage...
AMORNY.
Sais-tu bien, toi qui te livres ainsi, que le meurtrier est puni de mort ?
BERTRAM.
Les hommes qui me jugeront décideront...
AMORNY.
Et tu espères sans doute qu'ils n'exerceront pas sur toi toute la rigueur de leur justice et que ton mensonge ne te vaudra pas la mort.
BERTRAM.
J'ai dit la vérité ...
AMORNY.
Et la torture pourra peut-être t'en faire dire une autre.
MARIANNE, passant auprès d'Amorny.
La torture !...
AMORNY.
Qu'avez-vous, dame Marianne? Vous semblez prendre en pitié l'homme qui a tué votre fils...
MARIANNE, embarrassée.
Non, milord...
AMORNY.
Allez... Marianne, vous êtes libre... et nous vous rappellerons au tribunal pour y voir condamner l'assassin de votre enfant. (A Jackson.) Jackson! fais donc sortir librement dame Marianne du palais et fais venir des archers. (Marianne s'incline et sort lentement et en affectant le calme en présence d'Amorny, qui ne la quitte pas du regard... Jackson sort avec elle.) (A Bertram.) Ton plan est bien combiné, Bertram... mais il est rempli d'imprudence... et de maladresse.
BERTRAM.
Je ne vous comprends pas, milord...
AMORNY.
Et moi je t'ai deviné... Tu te livres au tribunal pour le salut du capitaine Richard... parce que tu espères qu'avec son secours, et surtout avec celui de la jeune comtesse Hamilton auprès du roi, ta condamnation pourra se réduire à la déportation... et je pense comme toi, Bertram, que la position d'un déporté, qu'accompagneraient les bienfaits de la riche comtesse Arabelle, vaudrait mieux que celle d'un obscur matelot.
BERTRAM.
Vous serez au tribunal, milord... pour me faire condamner à mort, puisque vous ne pouvez réussir à perdre le capitaine Richard.

AMORNY.
Je ne suis pas l'ennemi du capitaine.
BERTRAM.
Vous voulez perdre un rival qui vous fait peur.
AMORNY, s'emportant.
Je veux !... je veux empêcher que le fils d'un bourreau puisse, à l'aide d'un mensonge, perpétuer sa race maudite dans des familles qu'elle désolerait plus tard... et c'est pour éviter un semblable malheur que je t'arracherai quelques mots qui pourront le conjurer.
BERTRAM.
N'espérez pas, milord, que ma mort sur les chevalets anéantisse plus tard la publicité du meurtre dont je m'accuse... car, avant de vous l'avouer ici, j'en avais écrit la révélation au grand justicier et au roi Jacques Iᵉʳ d'Angleterre.
AMORNY, furieux.
Et je leur écrirai, moi, les nouveaux aveux que t'arracheront les tourments..
BERTRAM.
Et je vous en défie, milord...
AMORNY, furieux, va ouvrir la porte du fond.
(Jackson paraît avec des archers.) Tu n'as plus rien à dire ?
BERTRAM.
Rien.
AMORNY, aux archers.
Conduisez cet homme dans les cachots du palais.
BERTRAM.
Et vous verrez, milord, comment un homme prêt à monter vers Dieu, le juge suprême, sait mourir, sans proférer une plainte, sous la verge de fer et sous les tenailles ardentes... (Aux archers.) Venez. (Il sort avec les archers.)
AMORNY, à Jackson.
Jackson, fais venir Samuel..(Jackson sort.)

SCÈNE VI.
AMORNY, seul.

La volonté de cet homme m'épouvante... Aurait-il vraiment tué le fils de Georges Maxwell ?... Non... je ne dois pas me décourager encore... peut-être Samuel pourrait-il éclaircir certains faits... Mais cependant, si en dépit de tout ce Bertram persiste... il y a des hommes héroïques qui meurent pour un principe, une pensée, un serment... s'il était de ceux-là... sa mort assurerait à jamais le repos de Richard, de Richard que les événements rendraient plus intéressant encore aux yeux de miss Arabella... Hélas !... mon inquiétude est grande... Et le roi Jacques, est-il maintenant aux mains des conjurés ?... La tempête... de cette nuit... l'a-t-elle poussé hors de leur atteinte ?... Qu'est-il arrivé ?... qu'arrivera-t-il ? Ma tête souffre, ma pensée se perd en conjectures... (Apercevant Samuel qui entre, introduit par Jackson qui se retire.) Voici Samuel...

SCÈNE VII.
AMORNY, SAMUEL.

AMORNY.
Tu ne sais rien de ce qui vient de se passer, Samuel?
SAMUEL.
Rien, milord...
AMORNY.
Tu désires trouver le fils de Georges Maxwell, n'est-ce pas?
SAMUEL.
Je donnerais pour cela dix années de ma vie.
AMORNY.
Et moi aussi.
SAMUEL.
Vous, vous le cherchez donc encore ?...
AMORNY.
Oui; mais sache d'abord qu'un homme vient de s'accuser de l'avoir tué.
SAMUEL.
Tué !...
AMORNY.
Mais il ment... je l'espère.
SAMUEL.
Ah !... et quel est donc cet homme ?
AMORNY.
Un homme qui doit avoir été jadis le seul confident de Georges.
SAMUEL.
Il ment, milord... Vous avez raison, Georges n'a eu que moi pour confident, car quelques minutes avant sa mort... il m'a dit : « Je vais te confier un secret, Samuel, que tu sauras seul, avec Dieu, mon père et moi. » Et ce fut alors qu'il m'avoua sa naissance.

AMORNY, joyeux.
Je savais bien qu'il mentait.
SAMUEL.
Et quand dit-il avoir tué cet enfant?
AMORNY.
Peu de jours après la mort de son père.
SAMUEL.
Et le fils de Georges vivait encore plusieurs années plus tard...
AMORNY.
Qui te l'a dit?
SAMUEL.
Georges m'avait chargé, s'il mourait, de recommander sa femme et son fils au pasteur de Douvres... et je ne pus accomplir ce devoir, je fus fait prisonnier ; mais dès que je fus libre, je me rendis à Douvres, où j'appris que, le jour même de mon arrestation, le pasteur avait recueilli un jeune enfant et pris Marie à son service ; et que, dix ans plus tard, quand le pasteur mourut, l'enfant et la femme ont quitté Douvres ensemble.
AMORNY.
C'est bien cela... recueilli par le pasteur de Douvres... et élevé par Marie, qui s'est cachée sous le nom de Marianne... c'est bien lui...
SAMUEL.
Qui, lui... milord?
AMORNY.
Le capitaine Richard...
SAMUEL.
Richard !...
AMORNY
Oui.
SAMUEL.
Le capitaine Richard ?
AMORNY.
Tu le connais?
SAMUEL.
Je l'ai vu hier pour la première fois !
AMORNY.
C'est lui, Samuel, qui est le fils de ton ami Maxwell..
SAMUEL.
Lui?...
AMORNY.
Et tu peux aller, sans crainte de méprise, trouver maintenant celui que tu cherchais...
SAMUEL.
Oui, s'il est de retour.
AMORNY.
En effet, il a quitté Portsmouth la nuit dernière.
SAMUEL.
Pour aller prévenir le roi.
AMORNY.
Le roi ?
SAMUEL.
Que des conjurés devaient attendre au passage...
AMORNY.
Des conjurés ?...
SAMUEL.
Et je tremble que la tempête de cette nuit... Mais Dieu juste l'aura préservé... et je cours m'en assurer, milord... (Il sort rapidement par le fond.)
AMORNY, seul.
Richard est allé sur le chemin du roi Jacques... S'il a pu l'atteindre... il aura droit à sa faveur... et mon mariage avec la jeune comtesse Arabella...
JACKSON, entrant vivement par la droite.
Grande nouvelle !... milord !

SCÈNE VIII.
LES MÊMES, JACKSON.

AMORNY, avec terreur.
Le roi ?...
JACKSON.
Non, milord... l'équipage vient de prendre le deuil du capitaine Richard...
AMORNY.
De Richard ?...
JACKSON.
Hier Richard, qui a pris le large seul et sur une frêle chaloupe, n'était pas revenu à bord lorsqu'éclata la tempête...
AMORNY.
Eh bien !...
JACKSON.
Et la mer vient de rapporter au rivage les débris de sa chaloupe engloutie cette nuit pendant la tourmente...
AMORNY.

Et tu les as vus toi-même?
JACKSON.
Oui, milord... déjà la nouvelle de la mort de Richard a fait le tour de la ville... est arrivée jusque chez miss Arabelle... et les matelots, tous réunis dans la chapelle du port, sont agenouillés et prient pour le repos de l'âme de leur capitaine naufragé...
AMORNY.
Richard a cessé de vivre?
JACKSON.
Oui, milord... par son imprudence... et vous n'avez plus de rival à redouter.
AMORNY.
C'est vrai...
JACKSON.
Maintenant, milord, que Richard est mort, que ferez-vous de Bertram?...
AMORNY.
En effet... cet homme est dans nos prisons... et je crois prudent, Jackson...

SCÈNE IX.
LES MÊMES, MARIANNE.

MARIANNE, *dans le plus grand désordre.*
Arrêtez... milord... Plus de tourmenteurs... plus de prison... Bertram mentait... oui, milord... il mentait lorsqu'il disait avoir tué le fils de Georges... Qu'on le délivre... qu'on ne le fasse pas mourir... il voulait sauver Richard... mon sang... mon fils, et celui de Georges Maxwell... Voici la vérité, milord, et je puis vous la dire... maintenant que Richard est mort au printemps de sa vie...

AMORNY, *à part.*
Je le savais bien...

MARIANNE.
Mais vous ne répondez pas... vous ne me croyez donc pas?... vous ne voyez donc pas que mon délire est celui d'une mère qui a perdu son enfant?... Mais... que faut-il que je fasse pour vous convaincre que Bertram n'a pas tué mon fils... Tenez, je vais écrire... (*Elle se traîne à la table à gauche, prend une plume et écrit.*) « Oui, Richard était l'enfant de Georges Maxwell, l'enfant « qu'un pasteur de Douvres avait secrètement accueilli par hu- « manité... et que tous deux nous avons élevé dans l'ignorance « de son origine; et, je le jure ici, Georges Maxwell était son père.
« *Signé:* MARIE, *sa mère.* »
(*S'éloignant de la table sur laquelle elle laisse le papier.*) Tenez, milord!... et que cette déclaration soit l'ordre de la délivrance de Bertram...

AMORNY.
Il sera libre.

MARIANNE.
Merci... quand j'aurai délivré Bertram qui se dévouait, je pourrai mourir, et ma mort me rapprochera de Richard... puisque, pour les exigences des hommes, le ciel lui a donné la mer profonde pour refuge et pour tombeau...

AMORNY.
Oui, dame Marianne... cet homme qui se dévouait sera libre... et vous aurez au moins un ami qui vous aidera à supporter la perte de votre malheureux fils... et, Dieu aidant, madame...

RICHARD, *au dehors.*
Marianne!... où est-elle?

MARIANNE.
Quelle est cette voix?

SCÈNE X.
LES PRÉCÉDENTS, RICHARD, ARABELLE.

RICHARD, *paraissant au fond.*
Marianne...

MARIANNE, *l'apercevant.*
Richard!... (*Elle tombe dans ses bras. Arabelle, qui accompagnait Richard, entre avec lui.*)

AMORNY, JACKSON.
Vivant!

RICHARD.
La poupe de ma chaloupe avait accrédité ma mort, mais je ne l'ai perdue que lorsque j'atteignais le navire que je voulais rencontrer...

AMORNY, *à part.*
Il a prévenu le roi...

RICHARD.
Et miss Arabelle, que j'ai revue la première... m'a conduit ici... où je suis venu pour essuyer vos larmes...

MARIANNE, *en délire.*
Oui, Richard!... j'étais venue... parce que, te croyant mort... je voulais... (*Comme frappée.*) Mon Dieu!... je me souviens... va-t-en... cache-toi...

RICHARD.
Qu'avez-vous?...

MARIANNE, *en délire.*
Non... il n'est pas mon fils... je ne suis pas sa mère...

RICHARD.
Que dit-elle?...

MARIANNE, *courant à la table.*
Cet écrit!... qu'on me le rende... qu'on le déchire... qu'on le brûle... Milord... pitié!...

RICHARD.
Marianne...

MARIANNE, *allant à Richard.*
Et c'est... moi... moi... (*Elle tombe dans les bras de Richard.*)

RICHARD.
Elle s'évanouit!

AMORNY, *à Jackson.*
Jackson, secours cette femme! (*Richard et Jackson la soutiennent et l'emmènent dans la chambre à droite. Pendant ce temps, Amorny court à la table, s'empare du papier qu'il met dans son pourpoint, et court arrêter miss Arabelle, qui va entrer la dernière dans la chambre à droite.*) Arrêtez, milady!...

SCÈNE XI.
ARABELLE, AMORNY.

ARABELLE.
Pourquoi me retenir, milord?

AMORNY, *lui prenant la main et lui faisant descendre la scène.*
Parce que vous ne devez plus vous approcher de dame Marianne, qui est la mère de Richard.

ARABELLE.
Sa mère!... alors je lui dois l'affection d'une fille... car j'aime son fils.

AMORNY.
Vous l'aimez!...

ARABELLE.
Oui, milord, de toutes les forces de mon âme... Quand on m'a annoncé sa mort... un froid m'a saisie... mon cœur s'est arrêté... comme si j'allais mourir... et quand je l'ai revu... mon âme entière revenait avec lui... et je ne sais si mon bonheur est plus grand que mon délire... mais tous les deux m'emportent, et je ne puis plus me taire... Oui, milord, j'aime Richard!

AMORNY.
Et vous osez l'avouer, femme imprudente... savez-vous quel est l'écrit que dame Marianne en délire cherchait tout à l'heure?

ARABELLE.
Non!...

AMORNY.
Et vous ne savez rien de sa famille?

ARABELLE.
Je sais qu'il n'en a pas, milord; mais... fort de ses vertus, il n'a pas besoin de se vanter de celles de ses aïeux.

AMORNY.
Ses aïeux... étaient les exécuteurs de la reine d'Angleterre.

ARABELLE.
Milord!...

AMORNY.
Et son grand-père a tué la mère du roi Jacques.

ARABELLE.
C'est impossible.

AMORNY, *lui donnant la lettre de Marianne.*
Voici l'écrit de dame Marianne; lisez-le, milady.

ARABELLE, *lisant.*
Horreur!...

AMORNY, *le lui reprenant aussitôt.*
Et demain, Arabelle, instruit de cette révélation, qu'il ignore encore...

ARABELLE.
Il se tuera, milord.

AMORNY.
Peut-être, comme s'est tué Georges, son père; mais vous pouvez, milady, éviter ce malheur.

ARABELLE.
Moi! que faut-il faire pour cela, milord... Faut-il donner mon sang... ma vie!...

AMORNY.
Moins que cela... Vous ne pouvez plus espérer devenir l'épouse de Richard... il faut accomplir le désir du roi Jacques.

ARABELLE.
Milord!...

BERTRAM LE MATELOT.

AMORNY.
A cette condition... j'anéantirai cette lettre... de Marianne, et garderai le secret...
ARABELLE.
Mais d'autres le savent.
AMORNY.
Seulement Jackson... que je ferai taire, et Samuel Warton, votre nouveau serviteur, Samuel, à qui j'ai dit moi-même que Richard... Oh! celui-là, je m'assurerai de lui.
ARABELLE, *avec désespoir.*
Oh!... mon Dieu! mon Dieu!
AMORNY.
Eh bien! milady, que décidez-vous?
ARABELLE.
Demain, milord, vous aurez ma réponse.
AMORNY.
Demain, milady, pas plus tard... (*Ici le roi Jacques, tout vêtu de velours noir, paraît au fond. Amorny apercevant quelqu'un.*) Qui ose pénétrer ainsi?... Le roi!... (*Il se découvre.*)

SCÈNE XII.
LES MÊMES, JACQUES*.

JACQUES, *précipitamment.*
Plus bas, milord?... ne me nommez pas...
ARABELLE, *à part.*
Le roi !
JACQUES.
Je veux qu'on ignore ma présence à Portsmouth, où je suis venu incognito... Prévenu cette nuit en mer, j'ai pu tromper la vigilance des conspirateurs qui m'attendent encore, et je veux, demain, les surprendre à mon tour. Conduisez-moi, milord, dans une chambre secrète... J'ai bien des choses à vous dire.
AMORNY.
Je suis à vos ordres, sire.
JACQUES, *observant Arabelle.*
Quelle est cette jeune femme?
AMORNY.
Lady comtesse Arabelle, sire.
JACQUES.
L'héritière d'Hamilton. En effet je devais la rencontrer à Portsmouth.
AMORNY.
Et quelques jours plus tard je vous eusse présenté, je l'espère, miss Arabelle sous le nom de lady comtesse Amorny.
JACQUES.
Vous vous êtes rendue à mon désir, milady Arabelle... et j'en félicite le noble comte. Cependant ma lettre était un conseil, et non pas un ordre...
ARABELLE.
Sire! (*A part.*) Que faire, mon Dieu!
JACQUES.
Venez, milady, l'épouse future du comte Amorny peut assister sans danger à ma conversation avec le gouverneur... et permettez que le roi d'Angleterre soit assez heureux pour vous offrir la main.
ARABELLE, *donnant la main au roi.*
Sire...
AMORNY, *à part.*
Elle est à moi!...
JACQUES, *à Amorny.*
Conduisez-nous, milord.
AMORNY, *ouvrant la porte à gauche.*
Par ici, Majesté. (*Le roi passe avec Arabelle.*)
AMORNY, *à part, avec joie.*
Enfin!... je suis sauvé!... (*Ils sortent à gauche.*)

ACTE III.

Le théâtre représente une ferme. Porte au fond, et fenêtre au fond, à gauche. Porte latérale à droite donnant dehors. Porte à gauche, donnant dans une chambre. Des sièges. (On peut au besoin reprendre le décor du premier acte.)

SCÈNE I.
MARIANNE, MARCEL. *Au lever du rideau, Marianne est assise, au premier plan à gauche Marcel est près d'elle.*

MARCEL.
Oui, dame Marianne, après avoir lu une lettre qu'un page venait d'apporter pour lui, le capitaine m'a prié de rester auprès de vous, le docteur qu'il m'avait envoyé chercher venait de partir, en recommandant surtout qu'on évitât d'interrompre votre sommeil...
MARIANNE.
Et y a-t-il longtemps que Richard est sorti?

MARCEL.
Une heure environ; et il m'a chargé de vous dire, si à votre réveil vous vous inquiétiez de son absence, qu'il n'avait pu se dispenser de sortir, car il était mandé par le roi Jacques...
MARIANNE.
Le roi!... Il ne t'a rien dit de plus?
MARCEL.
Il m'a dit encore... Veille bien sur dame Marianne, Marcel, je serai bientôt de retour, et pendant mon absence... je te confie ma mère...
MARIANNE.
Il t'a dit cela?
MARCEL.
Oui, dame Marianne...

SCÈNE II.
LES MÊMES, JACKSON, *entrant par le fond.*

MARCEL.
Quelqu'un... Que voulez-vous, maître?
JACKSON, *désignant Marianne.*
Voir sans retard la dame Marianne. (*Il descend près d'elle.*) Je viens vous parler, madame, de la part de miss Arabelle.
MARIANNE.
Miss Arabelle?...
JACKSON, *à demi-voix.*
Et sans pouvoir être entendu par le capitaine Richard...
MARIANNE.
Il est absent. (*A Marcel.*) Laisse-nous, Marcel.
MARCEL.
Le docteur a recommandé pour vous beaucoup de repos...
MARIANNE.
Je ne me fatiguerai pas... merci... (*Marcel sort.*)

SCÈNE III.
MARIANNE, JACKSON.

MARIANNE.
Parlez, maître...
JACKSON.
Vous n'avez rien révélé encore au capitaine, n'est-ce pas?
MARIANNE.
Je n'en ai pas eu la force.
JACKSON.
Alors, bénissez Dieu, madame : il pourra toujours ignorer sa naissance...
MARIANNE, *se levant.*
Que dites-vous?
JACKSON.
Je viens vous apprendre que milady Arabelle a su obtenir du comte Amorny et de moi le serment que nous garderions le silence sur ce qui s'est passé. Sachez donc que nous vous trahir... ne pas éveiller les soupçons de Richard, et il pourra continuer sans obstacle sa vie et sa carrière...
MARIANNE.
Vous ne m'abusez pas?
JACKSON.
Non, madame, et cet écrit de votre main, qui le condamne... vous sera rendu.
MARIANNE.
Richard... sauvé! mais je crains de rêver encore. Et dites-moi, Bertram doit être libre? Le comte Amorny sait bien, lui, qu'il n'a pas tué Richard.
JACKSON.
La justice du comte sera sans doute équitable...
MARIANNE.
Eh! qu'a donc fait la comtesse Arabelle pour apaiser la colère... et je dirai presque la haine du comte Amorny?
JACKSON.
Je n'ai pas mission de vous en dire davantage... et je me retire maintenant que j'ai accompli mon devoir, en vous disant de la part de la comtesse ces deux mots consolateurs... Silence et bon espoir.
MARIANNE.
Que Dieu bénisse la comtesse!
JACKSON.
Je vous salue, madame... (*Il sort par le fond.*)

SCÈNE IV.
MARIANNE, *seule.*

Seigneur, mon Dieu! tu viens nous tendre la main sur le bord de l'abîme... Un seul mot de plus. dit à Richard nous y précipitait tous ensemble... et si je ne succombais pas à l'idée du danger... c'est qu'au fond de mon cœur j'avais comme une instinctive confiance en vous, mon Dieu !... vous qui avez laissé vivre Georges, l'avez fait reparaître hier... sublime et courageux comme jadis.... et qui permettez aujourd'hui que Richard échappe au désespoir qui le menaçait.

SCÈNE V.

MARIANNE, RICHARD, *entrant par le fond.*

RICHARD *.
Me voici de retour.

MARIANNE.
Richard !

RICHARD.
Mais pourquoi debout... quand le repos ?...

MARIANNE, *l'interrompant.*
Oh ! ne t'épouvante pas, Richard... une fièvre horrible et presque un délire... s'était emparé de moi... mais il n'était que passager... Une heure avait suffi pour m'accabler, une heure m'a rendu la force et la raison... Ne sois plus inquiet.

RICHARD.
Vous ne souffrez plus, ma mère ; car vous êtes ma mère... je le sais ; vingt fois, cette nuit, dans votre sommeil agité, vous m'avez appelé votre fils... vous m'avez toujours caché ce secret, et je ne vous en demande pas la cause... Mon père, sans doute, n'a pas pu... ou n'a pas voulu me donner son nom... Dieu lui pardonne s'il a été coupable en délaissant son fils ; je veux respecter son mystère... et avant deux ans, ma mère, j'aurai, si le ciel le permet, un nom que je veux conquérir moi-même... et dans deux ans je pourrai peut-être épouser milady comtesse Arabelle...

MARIANNE.
Arabelle ?...

RICHARD.
Oui, ma mère... et je vais vous dire... mais de grâce asseyez-vous, je crains que la fatigue...

MARIANNE.
Non, mon enfant, je suis bien, très-bien... et je t'écoute.

RICHARD.
Ce matin, le roi Jacques me fit appeler, et d'abord il me demanda quelle récompense je voulais pour le service que je lui rendis hier... « Sire, lui ai-je répondu... daignez mettre pendant deux années mon dévouement à l'épreuve ; assignez-moi les postes les plus dangereux, appelez-moi pour les plus périlleuses entreprises... et après deux ans d'un courage et d'un dévouement sans bornes, si je ne suis pas mort au service de Votre Majesté, j'oserai, si elle daigne le permettre alors, lui demander ma récompense... — Il vous en faut donc une bien grande, m'a dit le roi, que vous voulez faire tant d'efforts pour la mériter ? — Sire... j'aime une jeune fille noble... — Hier, vous m'avez préservé, Richard, et vous aurez, à la première victoire, mérité parmi nos serviteurs un titre qui vous fera digne d'elle... — Que dois-je faire à cette heure ? lui ai-je aussitôt demandé. — Monter une barque avec quelques hommes... examiner autant que possible la position des conjurés, et revenir à Portsmouth à la fin du jour, pour y recevoir de nouveaux ordres... » Alors, je m'éloignai du roi, le cœur plein d'ivresse et d'espoir, et j'ai pris le chemin de la ferme de dame Marianne, car je ne suis plus, moi, l'orphelin Richard... J'ai une mère, maintenant... une mère à laquelle je dois avant tout venir confier mes joies, mes espérances... comme une autre occasion je lui confierais mes douleurs.

MARIANNE.
Oui, mon fils... mon Richard... Mais quel nouveau danger vas-tu courir encore ?...

RICHARD.
Aucun, ma mère... j'aurai soin de cacher mon uniforme sous une cape de matelot...

MARIANNE.
Et quand dois-tu partir ?

RICHARD.
Dans une heure... à la marée haute... Mais je vais me hâter d'aller à bord ; car mes matelots ont appris mon retour à Portsmouth, et je n'ai pas encore pu leur serrer la main...

MARIANNE.
Va ! mon enfant...

RICHARD, *s'arrêtant et désignant par la fenêtre.*
Mais, voyez donc, ma mère... encore la voiture de miss Arabelle...

MARIANNE.
Oui...

RICHARD.
Oh ! maintenant, je ne crains plus sa présence... Mais, pourquoi des pages à cheval ?... Qui sort de la voiture ?... Lord Amorny... il l'accompagne... que vient-il faire avec elle ?...

MARIANNE, *à part.*
Je ne sais pourquoi je tremble. (*La porte du fond s'ouvre, Amorny entre avec Arabelle. Richard et Marianne s'inclinent.*)

SCÈNE VI.

MARIANNE, RICHARD, AMORNY, ARABELLE*.

AMORNY, *à Richard.*
Capitaine Richard... ma présence inattendue doit vous surprendre...

RICHARD.
Elle nous honore, milord... mais je cherche vainement à en deviner la cause...

AMORNY.
Elle est grave et sérieuse, capitaine. Je viens, avec milady, vous apprendre que, guidée par de sages réflexions, et le conseil désintéressé du roi d'Angleterre, milady comtesse Arabelle Hamilton, vient de m'accorder sa main...

RICHARD.
Sa main !...

ARABELLE, *à Marianne qui la regarde.*
Il le fallait !...

MARIANNE, *à part.*
Oh ! mon Dieu !

AMORNY.
Oui, capitaine... hier, quand vous revîntes auprès de la comtesse Arabelle, qui vous avait cru mort, l'expression de sa joie a pu recevoir de vous une fausse interprétation ; et pour que vous ne puissiez pas vous méprendre sur la nature de l'affection qu'elle vous portait, j'ai exigé qu'elle m'accompagnât pour vous apprendre elle-même la nouvelle de notre prochaine union.

RICHARD, *à Arabelle.*
C'est donc vrai, milady ?...

ARABELLE, *avec contrainte.*
Oui, capitaine... peut-être à cause de la joie que je manifestais hier... peut-être avez-vous pu croire ou comprendre que, dans l'avenir... Je n'avais, je le pense, autorisé aucune prétention de votre part... Mais milord comte Amorny, qui a vu dans tous ces événements, sinon ma faiblesse, au moins mon imprudence, a exigé que je fisse cette démarche avec lui pour donner à tous les faits passés leur valeur bien réelle... Et comme une femme bien née ne doit rien refuser à celui qui va lui donner son nom, je n'ai pas hésité à venir moi-même vous annoncer mon mariage avec lui.

RICHARD.
Oui, madame, j'avais été bien insensé, bien aveugle... car j'avais osé croire...

ARABELLE.
Vous n'aviez pas réfléchi, capitaine, que le nom que je porte...

AMORNY.
Est un des plus nobles d'Angleterre...

RICHARD.
J'avais pensé que l'avenir pourrait élever celui qui a eu le bonheur de mériter hier la faveur du roi son...

ARABELLE.
Je sais que vous êtes brave, capitaine ; mais tous vos rêves d'avenir sont fondés sur le gain douteux des batailles... Votre témérité peut vous trahir un jour... si dans les combats on peut trouver la gloire, on peut y rencontrer aussi la défaite... et les obligations que m'impose mon rang...

AMORNY.
Défendent à milady d'attendre comme vous, capitaine, les hasards de la bonne ou de la mauvaise fortune...

RICHARD.
Vous avez raison, milord... et je sens à cette heure ma misère et mon impuissance... Pourtant, mon Dieu, le roi vient de me promettre un titre de noblesse à ma première victoire... et nous vivons dans un temps de batailles... qui me permettra de chercher maintenant... plutôt la mort que la gloire...

ARABELLE, *avec émotion.*
Capitaine... vous devez vivre !...

RICHARD.
Oui, à cause de ma mère... loin de ma patrie... loin de l'Angleterre que j'aimais... Mais qu'importe, après tout, l'exil de l'enfant ignoré... la distance effacera jusqu'au dernier souvenir de l'insensé, qui demande à milady pardon d'avoir osé l'aimer... (*A part, avec douleur.*) Oh ! mon Dieu !

ARABELLE, *bas à Amorny.*
Êtes-vous content, milord ?

AMORNY, *lui donnant la lettre de Marianne.*
Milady.... voici ma réponse.

ARABELLE, *la prenant et la donnant à Marianne.*

Voici votre déclaration. (*Marianne la prend.*) Brûlez-la... Marianne... elle me coûtera la vie...
MARIANNE, *pleurant*.
Milady!... (*Elle s'incline et lui embrasse la main, Arabelle essuie ses yeux.*)
RICHARD, *le remarquant:*
(*A part.*) Que vois-je !... des larmes !... (*Haut et s'avançant.*) Arabelle !...
AMORNY, *se mettant au-devant de lui.*
Jeune homme !...
ARABELLE, *faisant un dernier effort.*
Capitaine, demain je me nommerai lady comtesse Amorny, et mon époux aura seul le droit de m'appeler Arabelle...
RICHARD, *s'éloignant avec désespoir.*
Oh! malheur !
ARABELLE, *bas à Amorny.*
Emmenez-moi, milord, je me sens défaillir.
AMORNY.
Venez, milady... le devoir est accompli. (*A Richard.*) Courage, capitaine.
ARABELLE, *à Marianne.*
Adieu, dame Marianne.
MARIANNE.
Adieu, milady...
AMORNY, *à Arabelle.*
Venez, comtesse. (*Il lui offre la main.*) (*Musique... Arabelle regarde Richard, et s'incline pour le saluer. Richard faisant un effort s'incline à son tour... Amorny et Arabelle sortent lentement par le fond... Marianne, qui les a accompagnés, referme la porte, et Richard se voyant seul avec elle va se jeter en pleurant dans ses bras.*)
RICHARD, *pleurant.*
O ma mère... ma mère!
MARIANNE.
Courage, Richard... courage, pauvre enfant!
RICHARD.
Oh! j'en aurai, ma mère... Je ne dois pas succomber quand le dédain m'accable...
MARIANNE.
Toi aussi, mon enfant... tu seras noble un jour...
RICHARD.
Oui, mais trop tard!... Ainsi, ma mère, elle épouse le comte... Oh! je ne l'aime plus... je la maudis... Je la croyais bonne, généreuse, je la vois maintenant vaniteuse et sans pitié... je ne l'aime plus... Et pourtant, ma mère, si vous saviez ce que je souffre!
MARIANNE.
Je le sais, moi qui souffre avec toi...
RICHARD.
Oh! si je ne vous avais pas, ma mère... si j'étais, comme hier, l'orphelin Richard...
MARIANNE.
Eh bien ?...
RICHARD.
Eh bien! je crois que je commettrais un crime.
MARIANNE.
Richard !...
RICHARD, *avec émotion.*
Mais rassurez-vous, je vous ai, je vous aime, je ne m'appartiens plus, et je n'ai pas le droit de perdre la raison... Voyons, ma mère, ne pleurez plus... aidez-moi à rappeler mes souvenirs... Oui, l'heure est venue pour moi... d'accomplir l'ordre du roi... je ne puis retarder.
MARIANNE.
Et quand reviendras-tu?
RICHARD.
A la fin du jour... Et jusque-là, ma mère, plus de souffrance... (*S'efforçant de sourire.*) Voyez, j'ai déjà tout oublié... moi... Adieu, ma mère...
MARIANNE.
Adieu !
RICHARD, *revenant sur ses pas, embrasse Marianne.*
Et plus de douleur.
MARIANNE.
Je tâcherai.
RICHARD.
A ce soir.
MARIANNE.
A ce soir... (*Richard sort.*) Il se dit consolé pour ne pas me désoler à mon tour; mais j'ai vu toute sa souffrance, même dans son sourire... Pauvre Richard!... (*La porte de droite s'ouvre, Amorny entre précipitamment.*) Qui vient ?...

SCÈNE VII.

AMORNY, *entrant par la porte de droite,* MARIANNE

AMORNY *.
C'est moi, dame Marianne...
MARIANNE.
Vous, milord !
AMORNY.
Je viens de voir s'éloigner le capitaine, et j'attendais son départ pour venir vous rassurer entièrement sur son sort, et vous dire aussi que je viens d'envoyer au palais l'ordre de délivrer Bertram...

SCÈNE VIII.

LES MÊMES, JACKSON, *entrant vivement par le fond.*

JACKSON.
Milord!
AMORNY.
Qu'est-ce?
JACKSON.
Le roi vient d'entrer dans la cour de cette ferme...
AMORNY *et* MARIANNE.
Le roi!...
AMORNY, *à part.*
Comment lui expliquerai-je ma présence ici?
JACKSON.
Le voici. (*Jacques paraît au fond.*)

SCÈNE IX.

LES MÊMES, JACQUES, *paraissant au fond, accompagné de plusieurs pages qui restent en dehors* *.

AMORNY, *s'inclinant.*
Sire !...
JACQUES.
Vous ici, comte Amorny... La même cause nous y amène sans doute ?
AMORNY.
Peut-être, sire... (*A part.*) Que veut-il dire ? *Jackson est sorti en fermant la porte du fond.*
JACQUES, *à Marianne.*
Vous êtes la dame Marianne?
MARIANNE.
Oui, sire...
JACQUES.
Parmi les lettres qu'un messager m'apporte de Londres, j'en ai trouvé une d'un matelot qui s'accuse d'avoir tué votre fils.
MARIANNE, *à part.*
De Georges !...
AMORNY, *à part.*
La lettre de Bertram...
JACQUES, *à Marianne.*
Cet homme dit-il vrai?
MARIANNE, *troublée.*
Sire...
JACQUES.
Vous ne répondez pas?... Retirez-vous, madame; je désire rester seul avec le comte Amorny.
MARIANNE, *avec terreur.*
Que va-t-il se passer !... (*Elle s'incline devant le roi, et entre dans la chambre à gauche.*)

SCÈNE X.

JACQUES, AMORNY.

JACQUES.
Cette pauvre femme, milord, craint de compromettre son fils ou de perdre celui qui se dévoue pour lui.
AMORNY.
Vous croyez, sire...
JACQUES.
Et vous, milord?
AMORNY.
Moi, je doute...
JACQUES.
Milord, les rois voient et savent bien des choses; je sais depuis une heure tout ce qui s'est passé hier au palais du comte Amorny.
AMORNY.
Quoi! vous savez?
JACQUES.
Tout.

AMORNY, *embarrassé.*

J'hésitais, sire, à vous faire cette confidence, parce que...

JACQUES.

Parce que vous vouliez épargner Richard, et vous aviez raison.

AMORNY, *à part.*

Que dit-il?

JACQUES.

Comme vous, milord, je hais cette loi qui rend le sanglant office héréditaire; car si le fils a le même sang que son père, il n'a pas la même âme. Sans le capitaine, je serais mort, sans doute, en résistant aux conjurés, et je veux éloigner de lui l'opprobre d'une naissance dont il n'est pas coupable... C'est dans ce but que j'étais venu trouver dame Marianne; et puisque je vous rencontre ici, je vous chargerai, milord, de me remplacer auprès d'elle.

AMORNY.

Je suis aux ordres de Votre Majesté.

JACQUES.

D'abord vous délivrerez ce Bertram.

AMORNY.

Cela est fait, sire...

JACQUES.

Bien!... Vous tranquilliserez dame Marianne, qui laissera Richard dans son ignorance, et... dans quelque temps, nous chercherons pour lui, dans nos possessions lointaines, un poste éminent et digne de son courage.

AMORNY.

J'exécuterai fidèlement les ordres de mon roi.

JACQUES.

Bien, milord! (*Il monte la scène comme pour sortir.*)

AMORNY.

Mais je crains que son humanité ne l'entraîne à trop de clémence envers le petit-fils de celui qui a tué la malheureuse reine Marie Stuart.

JACQUES, *vivement.*

Ce n'est pas Maxwell qui a tué ma mère.

AMORNY.

Comment?

JACQUES, *redescendant la scène.*

Maxwell est mort pour avoir refusé d'obéir à la reine Élisabeth.

AMORNY.

Vraiment?

JACQUES.

Oui, milord.

AMORNY.

Mais alors, sire... qui donc aurait exécuté la reine?

JACQUES.

Un noble.

AMORNY, *troublé.*

Un noble!

JACQUES.

Mystérieux assassin, qui a pris secrètement le masque et l'habit de Maxwell.

AMORNY, *se remettant.*

Vous me permettrez, sire, de vous dire que cette ténébreuse aventure est une de ces fables dont les raconteurs habillent toujours le récit des grandes catastrophes.

JACQUES.

Savez-vous qui m'a raconté ce fait inouï?

AMORNY.

Qui donc, sire?...

JACQUES.

La reine Élisabeth, qui m'a légué son trône...

AMORNY.

La reine...

JACQUES.

Les dernières paroles de la reine Élisabeth sont gravées dans ma mémoire... et ces paroles, qui laissent deviner ses remords, Écoutez-les, milord... je vais vous les dire...

AMORNY, *à part.*

M'a-t-elle trahi?...

JACQUES.

« Méfiez-vous de ceux qui se vanteront d'avoir été mes serviteurs les plus fidèles, m'a-t-elle dit : il en existe un parmi tous, un noble et grand dignitaire, qui pour de l'or a jadis trahi et livré le comte Hamilton... qui plus tard a volé à Marie Stuart les lettres qui l'ont perdue, et qui, sur le refus formel de Maxwell, s'est armé de sa hache pour frapper votre mère... »

AMORNY, *avec terreur.*

La reine a dit cela!

JACQUES.

Croyez-vous maintenant, milord, que l'histoire soit une fable?

AMORNY.

Non, sire... Et la reine ne vous a pas désigné ce noble?

JACQUES.

Non, elle a craint de se parjurer en mourant, et je cherche vainement... mais, Dieu aidant, je le trouverai, milord... Il a trahi le comte Hamilton, volé les lettres, fait mourir Maxwell, et si je trouve l'auteur d'un seul de ces crimes...

AMORNY.

Vous tiendrez le grand coupable...

JACQUES.

Oui. Je vous ai fait cette confidence, milord... parce que j'espère que s'il arrive un jour, ainsi que l'a prédit le comte Hamilton, qu'un testament de lui soit remis à son héritière, dont vous allez être l'époux, j'espère que ce testament nous éclairera, milord...

AMORNY.

Et je serai fier, sire, de vous aider à la vengeance.

JACQUES.

Vous voyez bien que ce n'est pas sur un fils de Maxwell que doit tomber ma colère...

AMORNY.

En effet, sire...

JACQUES.

Rassurez donc dame Marianne; dites-lui que je n'ai rien découvert, et qu'aucun danger ne menace son fils...

AMORNY.

Je le ferai, sire.

JACQUES.

Je vous salue, milord.

AMORNY, *s'inclinant.*

Votre sujet, Majesté, s'incline avec respect.

JACQUES.

Dieu vous garde!... (*Il sort.*)

SCÈNE XI.

AMORNY, puis JACKSON.

AMORNY, *après avoir fermé la porte.*

Je crois que j'aurais bien fait de fuir hier avec Jackson... (*Après une réflexion.*) Allons donc!... Le roi ne sait rien... et mon mariage, qui éloignera plus encore les soupçons... anéantira les preuves... La découverte d'une seule de mes actions passées me perdrait... c'est vrai... mais qui pourrait?... Et cet homme, à qui je confiais hier que j'étais venu masqué dans la cabane de Georges... Ce Samuel!... qui sait que j'ai arrêté le comte Hamilton... Heureusement qu'il est maintenant dans mon palais...

JACKSON, *entrant par la droite.*

Vous êtes seul, milord?

AMORNY.

Oui.

JACKSON.

Je viens de voir s'éloigner le roi, et j'étais inquiet...

AMORNY.

Écoute... tu vas te rendre en toute hâte au palais, où m'attend Samuel.

JACKSON.

Samuel?... Depuis notre départ, il est sorti du palais.

AMORNY.

Sorti du palais!

JACKSON.

Oui, milord... malgré toutes nos précautions, car tout à l'heure on l'a vu sur le port.

AMORNY.

Prends des archers avec toi, des hommes déterminés... qu'on le cherche... qu'on le trouve... qu'on l'arrête... S'il veut parler, qu'on le bâillonne... s'il résiste, qu'on le tue!

JACKSON.

Samuel!

AMORNY.

Peut me perdre avec un seul mot... Hâte-toi!... mon salut dépend peut-être de la prompte exécution de cet ordre.

JAKSON.

Comptez sur moi, milord. (*Il sort par le fond.*)

SCÈNE XII.

AMORNY, *seul.*

Quant à Marianne et Bertram... il faut que je les éloigne sans retard de Portsmouth. Georges avait de mystérieux rapports avec le comte Hamilton, dont Marianne a vu l'arrestation... Elle connaissait Samuel... Richard est audacieux... Bertram hardi... J'ai tout à craindre de leur présence ou de leurs souvenirs... Le roi m'a chargé de rassurer dame Marianne, mais il me laisse maître de la place et libre d'agir, avant tout, dans l'intérêt de ma sûreté ; et loin de rendre à Marianne la confiance, je veux la contraindre à fuir sans retard... Appelons-la. (*Il ouvre la porte de gauche.*) Venez, dame Marianne.

SCÈNE XIII.
AMORNY, MARIANNE.

MARIANNE, *entrant.*
Eh bien! milord, que vous a dit le roi ?

AMORNY.
Le roi sait tout... et veut venger sur le fils de Maxwell la mort de sa mère Marie Stuart.

MARIANNE, *épouvantée.*
Mon Dieu !

AMORNY.
J'ai pu calmer les premiers élans de sa haine ; mais, la nuit prochaine, il faut que Richard s'éloigne de Portsmouth... Ne tremblez pas encore... La comtesse Arabelle a mis à mon mariage avec elle la condition que je protégerais le capitaine, et je veux tenir ma parole. Nos intérêts sont communs, madame, laissez-moi donc vous guider... Il vous sera facile, d'abord, de décider Richard à s'éloigner de Portsmouth le jour de mon mariage...

MARIANNE.
Mais si le roi le fait poursuivre ?

AMORNY.
J'emploierai mon crédit et mon adresse à retarder d'abord toute poursuite ; vous vous arrêterez au village de Monbar, et, dès demain, je ferai adresser à Richard l'ordre d'aller à l'étranger pour y accomplir un message... vous l'accompagnerez...

MARIANNE.
Oui, milord, mais Bertram ?

AMORNY.
Suivra, s'il le veut, son capitaine.

MARIANNE.
Il est donc libre ?

AMORNY.
Il doit l'être... mais, tenez. (*Désignant par la fenêtre.*) n'est-ce pas lui qui entre dans la cour...

MARIANNE, *regardant.*
C'est lui...

SCÈNE XIV.
LES PRÉCÉDENTS, BERTRAM.

BERTRAM.
Marie !... quelqu'un ?...

AMORNY.
Vous arrivez à temps, Bertram, pour apprendre ce que vous devrez faire maintenant pour le salut de Richard.

BERTRAM.
Le salut de Richard !...

AMORNY, *bas à Marianne.*
Songez bien que, si demain le capitaine est encore à Portsmouth, je ne réponds plus de rien.

MARIANNE.
Il n'y sera plus, milord.

AMORNY.
C'est bien !... rapprochons-nous maintenant du roi et de miss Arabelle. (*Il sort.*)

SCÈNE XV.
MARIANNE, BERTRAM.

MARIANNE.
Georges !

BERTRAM, *lui tendant les bras.*
Marie... (*Elle se jette en pleurant dans ses bras.*) Tu pleures, femme ?

MARIANNE.
Si tu savais !

BERTRAM.
Je sais tout, ceux qui m'ont délivré m'ont raconté comment ton affection pour moi nous a perdus... Mais que disait donc le comte ?... Qu'espères-tu ?

MARIANNE.
Richard ignore tout encore... et la comtesse Arabelle a donné sa fortune et sa main au comte pour le salut du capitaine.

BERTRAM.
Encore une victime... et que faut-il faire ?

MARIANNE.
Emmener ce soir Richard loin d'ici.

BERTRAM.
Et ensuite ?

MARIANNE.
Le comte le chargera d'une mission à l'étranger.

BERTRAM.
Où est Richard ?

MARIANNE.
En mer, et ce soir il doit revenir pour rendre compte au roi de ses démarches ; mais il faut le rencontrer au port et l'empêcher de s'approcher du roi, qui sait tout maintenant...

BERTRAM.
Te sens-tu, femme, le courage d'abandonner cette maison et de me suivre ?

MARIANNE.
Je suis prête...

BERTRAM.
Il faut que nous allions arrêter Richard en chemin... sous quel prétexte, je n'en sais rien encore... mais il faut éviter, avant tout, qu'il puisse apprendre un secret qui le tuerait.

MARIANNE.
Oui...

BERTRAM.
Apprête donc tout pour le départ... préviens-en les gens de ta maison... Mais, non, j'irai seul.

MARIANNE.
Maintenant que je t'ai retrouvé, je ne te quitterai plus...

BERTRAM.
Tu le veux ?... Va donc, femme, et je t'attends ici...

MARIANNE.
Je reviendrai bientôt... (*Elle entre dans la chambre à gauche.*)

SCÈNE XVI.
BERTRAM, seul.

Exilé... trahi dans son amour, dans tous ses rêves d'avenir... et je ne puis pas même mourir pour le repos de mon fils ; l'amour de Marie vient de nous frapper comme un malheur... Tout ce qui, chez les autres, serait vertu, doit donc toujours nous être funeste et nous désespérer. Oh ! mon Dieu, il y a une autre vie, n'est-ce pas, qui m'expliquera l'énigme de celle-ci, et m'apprendra le but et la cause de mon interminable martyre ?

SCÈNE XVII.
BERTRAM, SAMUEL.

SAMUEL, *entre vivement par le fond ; il n'a pas de manteau, il est tête nue, les cheveux en désordre ; il a une main enveloppée.*
Enfin, me voilà chez dame Marianne.

BERTRAM.
Que veux-tu ?

SAMUEL.
Voir le capitaine Richard.

BERTRAM.
Il est en mer.

SAMUEL.
En mer !... Je joue de malheur.

BERTRAM.
Tu es blessé...

SAMUEL.
Oui, je viens de me battre avec les archers, mais il ne faut pas que cela t'étonne... il paraît qu'il est écrit là-haut que j'aurai toujours à faire avec ces gens-là... Enfin, j'ai pu leur échapper, et je veux voir dame Marianne.

BERTRAM.
Que lui veux-tu ?

SAMUEL.
Lui confier un secret d'où dépend la vie de Richard.

BERTRAM.
Elle est absente...

SAMUEL.
Mais c'est une damnation, les archers peuvent me ressaisir et me tuer avec mon secret.

BERTRAM.
Dis-le-moi.

SAMUEL.
A toi !... qui es-tu ?

BERTRAM.
Bertram !

SAMUEL.
Bertram le matelot qui, pour sauver Richard, s'accusait de l'avoir tué... Ah ! tu es l'ami du capitaine, toi qui consentais à mourir... Mais es-tu bien Bertram ?

BERTRAM, *lui montrant ses poignets.*

Regarde, voici la trace encore saignante des fers que l'on vient de m'ôter...

SAMUEL.

Ecoute-moi donc... il faut que je parle, enfin... Tout à l'heure, après un long combat, j'ai laissé deux archers sur les pierres du chemin... d'autres me cherchent pour venger leurs camarades...

BERTRAM *tire son poignard, qu'il donne à Samuel; puis il met sa hache sur la table.*

D'abord, prends ce poignard... et, s'ils venaient te chercher ici, nous serions deux pour les recevoir...

SAMUEL.

Merci... Je vais te faire, Bertram, dépositaire d'un secret avec lequel, si je meurs aujourd'hui, tu pourras, dès demain, faire le bonheur et la fortune de Richard.

BERTRAM.

Qu'est-ce donc ?

SAMUEL.

Richard n'est pas le petit-fils de Maxwell, mais celui de lord comte Hamilton.

BERTRAM.

Tu dis... J'ai mal entendu...

SAMUEL.

Je dis que Richard est l'héritier direct du comte Hamilton, que le testament du comte Hamilton, que je possède, le révèle et le prouve...

BERTRAM.

Le testament ?

SAMUEL.

Et depuis deux mois que j'ai quitté les prisons, je cherchais Richard... je viens de le trouver seulement à cette heure où l'on veut encore m'emprisonner... et comme je n'ai pu le rencontrer en ce moment suprême, je te confie ce secret afin qu'on ne puisse pas l'ensevelir avec moi... et...

BERTRAM, *l'interrompant.*

Mais Richard avait pour père le nommé Georges Maxwell.

SAMUEL.

Georges Hamilton, Bertram, qui s'est tué parce qu'il se croyait maudit et que j'ai vu mourir, moi, sans pouvoir lui porter secours.

BERTRAM.

Toi ?...

SAMUEL.

Oui...

BERTRAM.

Mais, qui es-tu donc ?

SAMUEL.

Samuel.

BERTRAM.

Warton ?

SAMUEL.

Tu connais mon nom ?

BERTRAM.

Oui... je t'ai entendu nommer au nombre des serviteurs des Hamilton; mais tout ce que tu me dis me semble si incroyable...

SAMUEL.

C'est qu'en effet, il faut que tu puisses me croire avant de me bien comprendre... Ecoute-moi donc... Il y a donc vingt ans, j'étais un jour dans la cabane de Georges, qui était le père de Richard...

BERTRAM.

Oui...

SAMUEL.

Lorsque le comte Hamilton, évadé, vint imprudemment chez le prétendu Georges Maxwell pour lui révéler son secret ; mais il fut trahi, arrêté, et deux heures après, Georges, toujours abusé, se tuait devant sa femme et devant moi... que l'on faisait prisonnier... L'on m'enferma dans la même citadelle que le comte... au bout de quelques années nous pûmes nous approcher l'un de l'autre.

BERTRAM.

Et alors ?...

SAMUEL.

Le comte me confia que lorsqu'il avait pu échapper au massacre de sa maison, il avait emporté dans sa fuite son fils, qui avait deux ans alors... Il me confia qu'il n'avait pu le soustraire et le cacher qu'en le remettant entre les mains du bourreau Maxwell, chez lequel il avait trouvé un refuge la nuit qui précéda son arrestation... Il me confia enfin que Maxwell avait élevé son fils sous le nom de Georges...

BERTRAM.

Mais Maxwell aurait secrètement instruit le fils du comte..

SAMUEL.

Non, car une seule révélation, qui aurait exalté le jeune homme, aurait perdu peut-être Maxwell, coupable d'avoir soustrait à la haine de la reine Elisabeth l'enfant d'une famille condamnée.

BERTRAM.

C'est juste !

SAMUEL.

J'eus alors la douleur d'apprendre au comte la triste fin de Georges... Mais j'ai pu lui dire aussi que Georges laissait un fils... et le comte m'a remis, quelques jours avant sa mort, un testament caché, dans lequel il m'a dit raconter tous ces faits afin que je pusse le remettre à son petit-fils, si Dieu le permettait un jour... Depuis dix ans je tenais ce testament caché sous une pierre de ma prison. Quand le fils de Marie Stuart vint au trône, quand on délivra les prisonniers, je devins libre, et après deux mois de vaines recherches, je désespérais de retrouver le fils de Georges, quand, hier, j'ai découvert ce fils de Georges dans le capitaine Richard. Et maintenant je remercie Dieu qui a permis que je puisse te confier ce secret, Bertram, afin que tu m'aides ou que tu me remplaces, et, je suis certain d'avoir bien placé ma confiance... Tu ne me réponds pas ?...

BERTRAM, *qui vient de tomber assis près de la table.*

Tout ce que tu viens de me dire... me semble un rêve... je doute... je n'ose croire...

SAMUEL, *s'éloignant de lui avec impatience.*

Il doute... Mon Dieu !...

BERTRAM, *se levant et allant à lui.*

Georges ne mourut pas, Samuel, en tombant du haut de la falaise... la vague l'a rejeté sur la côte... des paysans l'ont recueilli... Georges a pendant dix ans suivi de loin Marie, le pasteur et son fils... Georges s'est fait matelot pour vivre auprès de Richard ; et quand enfin, hier, il le croyait perdu, il est venu s'accuser d'avoir tué l'enfant de Georges Maxwell.

SAMUEL.

Que dis-tu ?

BERTRAM.

Ce n'était pas le matelot qui voulait sauver le capitaine, mais le père qui voulait sauver son enfant...

SAMUEL.

Toi, Georges !...

BERTRAM.

Ton ami, ton frère, qui te tend les bras, Samuel...

SAMUEL, *se jetant dans ses bras.*

Georges !... c'est toi !...

BERTRAM.

Oui, Samuel, c'est moi que la Providence a fait vivre jusqu'à ce jour suprême... moi qui, grâce à toi, ne suis plus le maudit, et qui peux maintenant lever la tête parmi les hommes en avouant mon fils...

SAMUEL.

Georges !... toi vivant !...

BERTRAM.

Oui, Samuel... Georges peut dire maintenant : place à moi comme aux autres... je suis le fils d'un homme, je suis le fils d'un héros !... Oh !... mais... ma tête s'égare, mon cœur s'arrête... l'homme enterré vivant succombe quand on arrache brusquement son linceul en lui rendant la vie et la clarté !... Et pour moi c'est le linceul qui tombe... le soleil qui me brûle... le bonheur qui m'écrase... et j'ai peur de mourir !...

SAMUEL, *le soutenant.*

Courage !... courage !... milord Hamilton !

BERTRAM.

Moi, comte Hamilton... moi, qui pourrai tout partager avec toi, Samuel, dont la persévérance me sauve... Oui, car nous grandirons ensemble... nous aurons même puissance, entreprendrons même bataille, et ferons même justice...

SAMUEL.

Quoi ! je pourrai commander à mon tour, opposer la force à la force... défendre le faible et me venger des traîtres !... Oh ! cet espoir seul, milord, me ferait perdre la tête !...

BERTRAM.

Allons, Samuel... allons !... du courage !... Et d'abord, ce testament du comte, où est-il ?

SAMUEL.

Tu penses bien que, prudemment, je ne l'ai jamais porté sur moi... A une lieue de Portsmouth, j'habite dans une ferme isolée une petite chambre où je le tiens caché ; je vais courir le chercher et te le remettre à toi, qui as seul le droit de l'ouvrir.

BERTRAM.

Oui, Samuel ! Mais qui vient ? (*Apercevant Marie.*) Marie !..

SCÈNE XVIII.
Les Mêmes, MARIE, *entrant par la gauche.*

MARIE.
Maintenant, nous pouvons partir...

BERTRAM.
Nous ne partons plus, Marie...

MARIANNE.
Que dis-tu ?

BERTRAM.
Moi, je vais courir sur les pas de Richard... J'irai le chercher, s'il le faut, jusque chez le roi d'Angleterre... Toi, femme, tu vas te rendre auprès de miss Arabelle pour l'empêcher de hâter son mariage avec lord comte Amorny. (*A Samuel.*) Toi, cours chercher le testament du comte.

SAMUEL.
Oui...

MARIANNE.
Mais Richard ?...

BERTRAM.
N'est plus maudit.

MARIANNE.
Mais pourquoi donc ?

BERTRAM.
Parce qu'il est mon fils, et que mon père était le lord comte Hamilton.

MARIANNE.
Grand Dieu !

SAMUEL.
Où te reverrai-je, Georges ?

BERTRAM.
Chez la comtesse Arabelle !

SAMUEL.
Chez la comtesse Arabelle ! (*Samuel sort en courant par la droite.*)

BERTRAM, *entraînant Marie.*
Allons, viens, femme... (*Ils sortent par le fond.*)

ACTE IV.

Un salon chez miss Arabelle. Porte au fond ; porte à gauche ; à droite, une table sur laquelle sont des lumières.

SCÈNE I.
ARABELLE, MARIANNE ; *elles sont en scène au lever du rideau.*

MARIANNE.
Oui, milady... oui, tout ce que je vous ai dit est réel...

ARABELLE.
Pardonnez-moi si, après vous avoir fait redire plusieurs fois ce que vous venez de m'apprendre... pardonnez-moi si je doute encore... c'est qu'avant votre arrivée j'étais prête à succomber en accomplissant l'horrible sacrifice que je m'étais imposé... et tant de bonheur succédant à tant de désespoir...

MARIANNE.
Semble être un rêve auquel on n'ose songer... n'est-ce pas ? de peur de le voir s'évanouir. Oh ! je comprends cela, moi... moi qui dois vous convaincre... et qui tremble à chaque instant de découvrir ma propre erreur... Mais non... nous ne devons pas douter ainsi de la bonté du Seigneur... et si nous doutions encore, milady... Je viens d'entendre, je crois... (*Elle monte la scène.*)

ARABELLE.
La voix de Richard, n'est-ce pas ?...

MARIANNE, *après avoir ouvert la porte du fond.*
En effet, c'est lui.

SCÈNE II.
Les Mêmes, RICHARD, *entrant par le fond.*

RICHARD.
Ma mère !... (*Il va à Marianne, puis à Arabelle.*) Milady !...

ARABELLE.
Non... plus milady... Richard, mais Arabelle, comme vous me nommiez il y a quelques jours...

RICHARD.
Mon père ne m'a donc pas trompé... quand il m'a dit tout à l'heure que vous n'aviez accepté ce mariage avec le comte Amorny que pour le salut de Richard...

ARABELLE.
Et votre mère pourra vous dire aussi, Marianne, qu'il n'a fallu qu'un seul mot...

MARIANNE.
Pour que milady arrachât son bouquet et sa couronne de mariée... et s'agenouillât en remerciant Dieu de sa délivrance.

RICHARD.
C'est plus que la vie vous me donnez, miss Arabelle.

MARIANNE.
Tu es venu seul ?

RICHARD.
J'ai devancé mon père en sortant de chez le roi...

MARIANNE.
De chez le roi ?...

RICHARD.
Oui, j'étais auprès du roi, lorsque Bertram, s'étant glissé, comme un être invisible, arriva jusque dans la chambre où j'étais seul avec Sa Majesté... et bientôt d'une voix persuasive et pleine d'émotion il nous conta toute son histoire... Ce fut un récit que nos larmes interrompirent souvent... Le roi Jacques écoutait avec une grande attention... et quand il apprit que Samuel, un ancien serviteur du comte Hamilton, devait apporter ici aujourd'hui le testament révélateur, il nous y a donné rendez-vous... en nous disant : « Dieu fasse que ce testament apporte des preuves irrécusables... » Et comme nous venions de quitter le roi Jacques... mon père, devinant mon impatience... m'a engagé à courir en toute hâte auprès de ma mère... et de milady comtesse Arabelle...

MARIANNE.
Et tu as facilement consenti à le faire.

RICHARD.
Vous voyez...

ARABELLE.
Pourvu que maintenant les preuves ne nous manquent pas...

RICHARD.
Si ce malheur nous arrivait...

MARIANNE.
Tranquillisez-vous, mes enfants, Samuel nous sera fidèle.

SCÈNE III.
Les Mêmes, BERTRAM.

BERTRAM, *paraissant au fond.*
Tous trois réunis !

MARIANNE, *allant à lui.*
Georges !

RICHARD, *de même.*
Mon père !

BERTRAM.
Je te suivais de près, Richard ; c'est que, moi aussi, miss Arabelle, j'avais besoin de voir et de remercier celle qui se sacrifiait... Et dites-moi, vous semblez avoir renoncé à prendre pour époux le lord comte Amorny ? Mais quel jour devait s'accomplir ce mariage ?

ARABELLE.
Aujourd'hui même...

BERTRAM.
Et le comte ignore sans doute encore votre nouvelle résolution, car je l'ai aperçu tout à l'heure sur le chemin de cette habitation...

ARABELLE.
Le comte ?...

BERTRAM.
Et peut-être est-il déjà dans la maison.

ARABELLE.
Déjà !...

RICHARD, *qui a été voir au fond.*
Oui... ses pages sont dans la galerie.

ARABELLE.
L'idée seule de sa présence me fait trembler.

RICHARD, *redescendant la scène.*
Vous ne le verrez pas, Arabelle... et je me charge de lui annoncer...

BERTRAM.
Pardon, capitaine ; mais ici, c'est le matelot qui commande, et qui accomplira lui-même ce devoir...

RICHARD.
Merci, mon père !...

BERTRAM.
Retirez-vous donc, et laissez-moi seul avec lui...

RICHARD, *emmenant Arabelle.*
Venez, miss. (*Ils sortent à gauche.*)

MARIANNE, *à Bertram, qui l'accompagne.*
Pas encore de nouvelles de Samuel ?...

BERTRAM.
Il avait longue route à faire... il viendra... J'entends le comte...

MARIANNE.
Je vais rejoindre nos enfants... (*Marianne sort à gauche, Bertram se retire dans le fond. Amorny entre pas de fond, sans e voir.*)

SCÈNE IV.
AMORNY, BERTRAM.

AMORNY, se croyant seul.

Décidément, la jeune comtesse ne paraît pas fort empressée... J'arrive, et personne ne vient à ma rencontre... J'apparais ici plutôt comme un importun que comme un marié que l'on attendait... Singulier jour de mariage!... Enfin elle se résigne à m'épouser... c'est l'essentiel... Il faut pourtant que je la fasse prévenir... (*Apercevant Bertram.*) Quelqu'un ! (*Le reconnaissant.*) Bertram !

BERTRAM, s'avançant.

Oui, milord, c'est moi...

AMORNY.
Tu es encore à Portsmouth ?...

BERTRAM.
Fort heureusement, milord, car j'ai une nouvelle à vous apprendre...

AMORNY.
A moi ?

BERTRAM.
Oui, milord ! vous voulez épouser miss Arabelle, que vous croyez l'héritière du comte Hamilton...

AMORNY.
Eh bien ?

BERTRAM.
Eh bien ! milord, on a trouvé hier l'héritier direct du comte.

AMORNY.
L'héritier...

BERTRAM.
Oui, un fils qui devient naturellement maître de tous les biens de son père; la jeune miss se trouve donc ainsi dépouillée... et j'ai cru devoir ne pas vous exposer à être victime de votre confiance, et vous prévenir de ce nouvel incident qui va sans doute changer toutes vos résolutions.

AMORNY.
Et tu crois que la parole d'un misérable ou d'un fou doit suffire ?

BERTRAM.
Fou, milord ! Si j'avais dû le devenir, je le serais depuis longtemps...

AMORNY.
Vraiment !... Et qui t'a donc appris ce grand secret ?

BERTRAM.
Un ancien confident du comte...

AMORNY.
Son nom ?

BERTRAM.
Samuel Warton...

AMORNY.
Samuel !

BERTRAM.
Qui possède le testament du comte Hamilton...

AMORNY, à part.
Le testament ! (*Haut.*) Et quel est donc cet héritier ?

BERTRAM.
Un homme qui se cachait... que l'on croyait mort et qui peut se montrer à cette heure...

AMORNY.
Tu l'as vu ?

BERTRAM.
C'est moi, milord...

AMORNY.
Toi !...

BERTRAM.
Moi le fils du comte Hamilton...

AMORNY.
Cesseras-tu bientôt de railler ?

BERTRAM.
Je ne raille pas, milord... et si je vous parle de votre mariage, c'est que je suis le parent de la jeune Arabelle. C'est que son père et sa mère étant morts, je suis son tuteur naturel, et chargé par elle de refuser votre alliance...

AMORNY.
Et tu ne crains donc pas, qu'emporté par la colère que je dévore depuis que tu me parles ainsi...

BERTRAM.
Je comprends cette colère, milord, et je l'excuse, quoique la trouvant injuste, et si vous voulez parler sagement...

AMORNY.
Avec toi, un insolent aventurier...

BERTRAM.
Milord... l'aventurier s'oppose à ce mariage, et sa parole sera respectée... et l'aventurier vous quitte sans s'incliner, car les comtes Hamilton, de plus grande noblesse que les Amorny... ont le droit de passer toujours tête couverte devant eux... (*Il se couvre de son chapeau et passe devant Amorny.*) Nous nous reverrons, milord. (*Il entre à gauche.*)

SCÈNE V.
AMORNY.

La confiance de cet homme !... S'il disait vrai ?... s'il était bien le fils du comte ?... les massacres, les guerres civiles des temps passés ont caché tant de mystères... Et s'il est vrai que Samuel, ancien serviteur du comte, ait reçu de ses mains le testament... Cela pourrait être... (*Voyant entrer Jackson.*) Jackson ! arrive donc !...

SCÈNE VI.
JACKSON, AMORNY.

JACKSON.
Qu'avez-vous, milord ?

AMORNY.
Je suis inquiet, tremblant ; il vient de se passer ici des choses... Mais d'abord, dis-moi, Samuel ?

JACKSON.
Nous n'avons pu le saisir...

AMORNY.
Malheur ! Pouvons-nous encore fuir, Jackson ? (*Il monte à la porte du fond.*)

JACKSON.
Ce serait insensé, milord... J'ai entre les mains le testament du comte Hamilton.

AMORNY, s'arrêtant près de la porte.
Le testament...

JACKSON.
Oui, milord... (*Amorny redescend près de lui.*) Après avoir perdu la trace de Samuel, nous nous sommes transportés dans une maison isolée qu'il habitait dans la campagne, et, ne l'y trouvant pas, j'ai fouillé partout, cherchant si quelque chose ne nous indiquerait pas sa retraite... J'ai trouvé sous la paille de son lit, un parchemin caché dont j'ai brisé le cachet. Tenez, milord, lisez vous-même, et vous jugerez... (*Il lui remet le testament.*)

AMORNY, le prenant.
Voyons... (*Il lit.*) « Moi, milord, comte Hamilton, je déclare » et jure écrire ici la vérité et rien que la vérité. Mon fils bien-» aimé que j'ai pu sauver a été secrètement élevé sous le nom » de Georges par le bourreau Maxwell... qui a eu l'humanité de » secourir l'innocent enfant qu'une injuste reine avait condamné. » Georges étant donc le dernier des Hamilton, et, à défaut de lui, » son fils est notre seul héritier légitime, c'est à lui qu'appartien-« dront au jour de la justice et de la réparation notre nom, nos « blasons, et tous les biens qui nous ont été confisqués... »

JACKSON.
Et ce petit-fils du comte... c'est Richard...

AMORNY.
Et Georges, son père, c'est Bertram, qui a survécu et vient de se révéler tout à l'heure.

JACKSON.
Bertram...

AMORNY.
Oui, mais nous tenons leurs destinées. Voyons, que dit-il encore ? (*Il lit.*) « C'est lui qui seul ouvrira ce testament et devra « raconter à l'Angleterre épouvantée ce que j'affirme ici : Le « bourreau Maxwell n'est pas mort fou, comme on l'a publié... « mais empoisonné par le comte Amorny, qui, sans crainte du « tonnerre, s'était fait à sa place l'exécuteur de la reine Marie « Stuart. » (*S'arrêtant et avec fureur.*) Du feu, Jackson ?

JACKSON, lui apportant un flambeau.
En voici, milord.

AMORNY, brûlant le testament.
Ah ! ce parchemin s'allume ; je craignais que, comme un talisman d'enfer, il fût insaisissable à la flamme... Mais non... je le sen le dévore... les lignes disparaissent, mon nom s'efface... vois donc, Jackson.

JACKSON.
Oui, milord, tout est consumé !

AMORNY, glorieux.
Fortune des Hamilton ! accusation, preuves et secrets, on ne

saurait trouver même votre souvenir dans cette cendre, qu'un souffle disperse au vent. (*La porte du fond s'ouvre.*)
UN COUREUR ROYAL, *annonçant.*
Sa Majesté le roi Jacques Ier d'Angleterre.
AMORNY.
Le roi... Il était temps, Jackson...

SCÈNE VII.

LES MÊMES, LE ROI, PAGES. (*Les pages entrent et se rangent près de la porte.*)

AMORNY, *saluant.*
Sire!...
JACQUES.
Vous êtes ici, milord?...
AMORNY.
Sire, mon mariage...
JACQUES.
En effet... c'est aujourd'hui... mais je ne vois ni la comtesse Arabelle, ni le matelot Bertram... ni ceux enfin que je croyais rencontrer ici,..
AMORNY, *à Jackson.*
Jackson, cours prévenir la comtesse Arabelle de l'arrivée du roi. (*Jackson entre à gauche.*)
JACQUES, *à Amorny.*
Milord, nous devons apprendre ici la vérité sur une étrange histoire...
AMORNY.
Oui, sire, le matelot Bertram m'a parlé de ses espérances que des preuves sans répliques doivent réaliser... Mais je doute...
JACQUES.
Nous allons le savoir.

SCÈNE VIII.

LES MÊMES, BERTRAM, ARABELLE, *derrière eux* MARIANNE *et* RICHARD. (*Tous saluent le roi.*)

JACQUES.
Vous le voyez, Bertram, je suis exact au rendez-vous... Le testament du comte Hamilton, où est-il?
BERTRAM.
Pardonnez, sire... mais Samuel, de qui je dois le recevoir... n'est pas encore ici...
JACQUES.
D'où vient ce retard?...
BERTRAM.
Je ne sais, et je tremble... mais il m'a dit où le testament était caché...
RICHARD, *qui a été avec inquiétude regarder dans le fond.*
Ne tremblez plus, Bertram, voici Samuel.
BERTRAM.
Samuel...
AMORNY, *à part.*
Je ne le crains plus...

SCÈNE IX.

LES MÊMES, SAMUEL, *pâle, haletant, paraît au fond.*

BERTRAM, *allant à lui.*
Eh bien, frère... mais qu'as-tu donc?...
SAMUEL, *sur la porte.*
Tu attendais de moi la lumière... le testament... Je ne l'ai plus... on me l'a volé...
BERTRAM.
Volé!... (*Mouvement de terreur... silence.*)
JACQUES, *à Samuel.*
On te l'a volé...
SAMUEL, *voyant le roi.*
Oui, Majesté... ce matin... on l'a pris sous la paille qui le cachait... Mais le comte Amorny, qui avait dirigé sur moi les archers, doit savoir...
AMORNY.
Moi....en effet, quand on se plaint d'avoir été volé, il faut bien accuser un voleur. Mais il est temps d'en finir avec cette famille d'imposteurs, qui feint d'avoir été volée lorsque les prétendues preuves lui manquent.
JACQUES.
Le comte Hamilton a déclaré laisser un testament... et ce testament devait exister... Et d'ailleurs, milord, entraîné par l'intérêt que je portais au capitaine Richard, et peut-être aussi par une inquiétude involontaire, j'ai cherché dans la correspondance de ma mère : j'ai trouvé une lettre que le comte Hamilton lui écrivait, il y a vingt ans et comme il est opportun que tout le monde ici la connaisse... (*Lui donnant une lettre.*) prenez-la, milord... et veuillez nous la lire... Écoutez tous.

AMORNY, *lisant.*
« Ma reine bien-aimée!... je viens de m'échapper de prison,
« je cours en toute hâte à Douvres, où je dois trouver mon fils,
« qui a été sauvé par Maxwell, et élevé jusqu'à ce jour sous le
« nom de Georges. Maintenant que je suis libre, je veux lui apprendre son origine et en faire un défenseur de plus à Votre
« Majesté. »
SAMUEL.
Vous voyez, sire!...
JACQUES.
Silence!... Cette lettre, milord, est un second testament signé du comte...
AMORNY.
C'est vrai! sire...
JACQUES.
Matelot Bertram...
BERTRAM.
Sire!...
JACQUES.
Aujourd'hui, lord comte Hamilton, vous êtes gouverneur du comté de vos ancêtres!... (*A Richard.*) Capitaine Richard, sitôt après votre mariage avec miss Arabelle, vous prendrez le sous-commandement de la frégate royale... et jusque-là vous me répondez du comte Amorny.
AMORNY
De moi, sire...
JACQUES.
Vous êtes mon prisonnier!... Samuel Warton.
SAMUEL, *s'avançant.*
Sire! je vous demanderai seulement le droit d'emprisonner le comte Amorny ; voilà vingt-cinq ans qu'il me remet en prison à mesure que j'en sors, et je vous avoue que je serais bien aise de l'y conduire une fois à mon tour...
JACQUES.
Qu'il soit fait ainsi! (*Samuel retourne derrière Amorny.*)
AMORNY.
Mais, Majesté, de quoi suis-je donc accusé?
JACQUES.
Quand cette lettre du comte fut écrite ainsi, milord, il ne l'envoya pas, et le lendemain seulement il l'acheva et la fit parvenir à la reine... Tournez donc la feuille, milord, et lisez la fin.
AMORNY, *tremblant et lisant.*
« J'ai été trahi, reine, et je vous envoie cette lettre pour vous
« conseiller de vous méfier du traître qui me perd...
JACQUES.
Eh bien!... achevez donc, milord...
AMORNY, *à part.*
Perdu!...
JACQUES, *lui arrachant la lettre, et lisant.*
« Celui-là, c'est le marquis Amorny, qui s'est fait l'âme
« damnée de votre ennemie la reine Élisabeth... » Ainsi, milord, vous avez commencé par trahir le comte, et vous avez fini par prendre la hache de Maxwell pour tuer Marie Stuart...
BERTRAM.
Tuer Marie Stuart!
JACQUES.
Oui, milord, voici les enfants de ma mère. Mais quand je trouve son assassin, Dieu m'envoie aussi les enfants de son défenseur. Je tuerai l'un, j'élèverai les autres... et alors, fils du comte Hamilton... serez-vous contents de la justice de Jacques Stuart?
BERTRAM *et* RICHARD, *lui embrassant les mains en pleurant.*
Sire!...
ARABELLE, *dans les bras de Marianne.*
Ma mère!...
SAMUEL, *levant les mains au ciel.*
Soyez béni, mon Dieu!...

FIN.

www.ingramcontent.com/pod-product-compliance
Lightning Source LLC
Chambersburg PA
CBHW050037230526
45470CB00003B/1324